Roland Kaehlbrandt

Deutsch – Eine Liebeserklärung

PIPER

Zu diesem Buch

Mark Twain soll einmal gesagt haben, das Leben sei zu kurz, um Deutsch zu lernen. Dieses Buch beweist, dass dem nicht so ist. Es ist eine Liebeserklärung an das Deutsche, freilich eine gut begründete, denn Roland Kaehlbrandt zeigt anhand von zehn handfesten Vorzügen, wie stimmig die deutsche Sprache gebaut ist und wie zugänglich sie deshalb ist. Dazu zählen die geniale Wortbildung und der hochelastische Satzbau. Auch einen freundlichen Umgang miteinander begünstigt das Deutsche mit seinen vielen kleinen Wörtern wie *denn, doch, ja*, die alles andere als überflüssig sind. Und sogar kurz und schnell kann das Deutsche sein, und zwar *so was von!* Deutsche Sprache, schwere Sprache? Nicht unbedingt! Die deutsche Sprache ist ein durchaus gut erlernbares, schönes Gut. Es wurde uns anvertraut, damit wir es weiterschenken. Dieses Buch lädt ein zu einem Streifzug durch die liebenswerten und erstaunlichen Vorzüge einer alten und zugleich hochlebendigen großen Sprache.

Prof. Dr. Roland Kaehlbrandt lehrt Sprachwissenschaft mit dem Schwerpunkt Sprache und Gesellschaft an der Alanus-Hochschule für Kunst und Gesellschaft. Seine Beschäftigung mit der deutschen Sprache verdankt sich einer engen Verbindung mit dem sprachverliebten Frankreich. Er studierte Romanistik, Germanistik und Ethnologie in Köln und Paris und wurde in romanischer Sprachwissenschaft promoviert. Um die Sprachkultur in Deutschland zu fördern, brachte er Stiftungsprojekte wie den »Bundeswettbewerb Jugend debattiert«, den Rechtschreibwettbewerb »Deutschland schreibt!« und den »Deutschsommer« auf den Weg. Kaehlbrandt ist Mitglied des Kuratoriums der Deutschen Akademie für Sprache und Dichtung.

Roland Kaehlbrandt

DEUTSCH

EINE LIEBESERKLÄRUNG

DIE ZEHN GROSSEN VORZÜGE
UNSERER ERSTAUNLICHEN
SPRACHE

PIPER

Mehr über unsere Autorinnen, Autoren und Bücher:
www.piper.de

Von Roland Kaehlbrandt liegen im Piper Verlag vor:
Lexikon der schönen Wörter (zusammen mit Walter Krämer)
Deutsch – Eine Liebeserklärung

Inhalte fremder Webseiten, auf die in diesem Buch hingewiesen wird, macht sich der Verlag nicht zu eigen und übernimmt dafür keine Haftung.

Unser Versprechen für mehr Nachhaltigkeit
• Klimaneutrales Produkt
• FSC®-zertifiziertes Papier
• Hergestellt in Europa

FSC www.fsc.org
MIX
Papier aus verantwortungsvollen Quellen
FSC® C083411

Originalausgabe
ISBN 978-3-492-31756-6
September 2022

Umschlaggestaltung: Cornelia Niere
Umschlagmotiv: Bilder unter Lizenzierung von Shutterstock.com genutzt
Satz: Eberl & Koesel Studio GmbH, Krugzell
Gesetzt aus der Minion Pro
Litho: Lorenz & Zeller, Inning am Ammersee
Druck und Bindung: CPI books GmbH, Leck
Printed in the EU

Für Gaby, Anna Charlotte und Philipp

Liebe vom ersten Ton an.

John le Carré, Schriftsteller

Ich habe die deutsche Sprache von Anfang an geliebt.

Yazgül Şimşek, Germanistin

Mir gefällt am Deutschen die Klarheit.

Irene Corvacho del Toro, Germanistin

Die deutsche Sprache ist die Orgel unter den Sprachen.

Jean Paul, Schriftsteller

Dich aber, süße Sprache Deutschlands,
habe ich erwählt und gesucht, ganz von mir aus.

Jorge Luis Borges, Schriftsteller

Inhaltsverzeichnis

Vorwort

In unseren Sprachen ist geistige Notwendigkeit
und geschichtlicher Zufall.

Mario Wandruszka

In unserem flüchtigen Dasein schenkt uns die Sprache Ankerpunkte. Ihre Wörter und Sätze bringen unser Leben auf den Begriff. Sie ist das Werkzeug unseres Denkens, unserer Vorstellungen, unserer Empfindungen, unseres Ausdrucks. In der Sprache erfahren wir die Welt, und in ihr setzen wir die Welt.

Auch die deutsche Sprache schenkt uns all das, auf ihre eigene Art. Sie überliefert uns einen großen Reichtum. Dieser Reichtum macht es uns leicht, unsere ganze Persönlichkeit in der deutschen Sprache auszudrücken: in den Millionen – ja Millionen! – von Wörtern, die uns die Sprache bietet, und in dem gelenkigen und nuancenreichen Satzbau, den sie uns schenkt.

Sind wir uns eigentlich dieses Reichtums bewusst? Kennen wir überhaupt die Vorzüge unserer Sprache? Oder kennen wir eher die Negativurteile: dass das Deutsche schwer, umständlich, langatmig und hart im Klang sei?

Der bekannteste Ausspruch über die deutsche Sprache stammt mutmaßlich von Mark Twain: Das Leben sei zu kurz, um Deutsch zu lernen. Damit meinte er (wie er es an vielen konstruierten und komischen Beispielen demonstrierte), dass das Deutsche kompliziert, unregelmäßig und unzugänglich sei. Aber hatte er recht?

Viele meinen es. Als ich ein kleiner Junge war, rief eine italienische Tante mit gespielter Bewunderung, wenn sie mich sah: »In Deutschland können sogar die kleinen Kinder Deutsch sprechen!« Die Ironie verstand ich erst später.

Der Ruf des Deutschen, schwer zu sein, bleibt nicht folgenlos: In einem deutschen Forschungsinstitut sagte man mir auf die Frage, ob denn die jungen Wissenschaftler auch Deutsch lernten: »Das dauert zu lange und hindert sie am

Forschen. Wir brauchen eher Englisch für den Hausmeister.«

Andererseits lernte ich einmal die Siegerinnen einer Deutsch-Olympiade aus den Ländern Osteuropas kennen. Inzwischen lernen ja wieder mehr Menschen im Ausland Deutsch als zuvor. Es sind immerhin 15 Millionen. Die Studentinnen sprachen alle fließend Deutsch und waren doch zuvor noch keinmal in Deutschland gewesen. Ob denn das Deutsche nicht schwer zu erlernen gewesen sei, fragte ich sie erstaunt. Sie brachen in Gelächter aus. »Deutsch? Schwer? Nicht für uns!«

Hatte Mark Twain nun recht oder nicht? Und haben diejenigen recht, die zu Ausländern, die sich im Deutschen noch schwertun, in einer Mischung aus Mitleid und Herablassung »deutsche Sprache, schwere Sprache« sagen?

Die Wahrheit ist: Deutsch ist in manchen Bereichen sogar leicht erlernbar, zum Beispiel, wenn es um die Bildung neuer Wörter geht. Die Wortbildung ist ein elementarer Vorgang. Denn in den Wörtern erfassen und beschreiben wir Gegenstände wie den *Einfüllstutzen,* Empfindungen wie die *Wehmut,* Erlebnisse wie den *Waldspaziergang* und Abstraktes, also nicht Gegenständliches wie das *Sein.* Wir können im Deutschen die Wörter leicht miteinander verknüpfen und dadurch neue Bedeutungen schaffen. Selbst wenn wir diese Wörter noch gar nicht kennen, können wir sie allein aus ihren Bestandteilen erschließen und verstehen. Ein großer Vorzug! Auch ohne ein Seminar über die deutsche Romantik zu besuchen, können wir empfinden, was *Waldeinsamkeit* bedeutet.

Aber geht es bei einer Sprache nur um leichte Erlernbarkeit? Ja, ist leichte Erlernbarkeit überhaupt ein Kriterium für das, was eine Sprache bietet und was sie kann? Letztlich wartet jede Sprache mit ganz bestimmten Schwierigkeiten auf, die je nach Ausgangssprache auch wieder ganz anders ausfallen können. Jede fremde Sprache will von jeder Ausgangssprache aus neu erschlossen sein.

Deshalb geht es bei der Betrachtung einer Sprache nicht nur um die Leichtigkeit des Erlernens. Neben der leichten Wortbildung des Deutschen kommen daher weitere Vorzüge der deutschen Sprache ins Spiel: der Satzbau, der so schöne und klare Sätze hervorbringt wie: *Die Würde des Menschen ist unantastbar.* Oder auch die Großschreibung, die uns das Lesen so sehr erleichtert, weil wir schon am Schriftbild erkennen, wo die so wichtigen Substantive stehen. Ja, sogar das gute alte Komma, heute so gering geschätzt und oft unterschlagen, hat in der deutschen Rechtschreibung seinen Sinn. Man vergleiche die beiden Sätze: *Gott vergibt Django nie* und *Gott vergibt, Django nie.*

Wenn wir die Errungenschaften der deutschen Sprache genauer kennen, schärft sich unser Sprachbewusstsein. Es kann uns motivieren, unsere alte, vielseitige und zugleich höchst lebendige Sprache lustvoll und kreativ weiterzuentwickeln.

Einmal sagte mir der Beauftragte der Französischen Republik für die »Frankophonie« (den Zusammenschluss der französischsprachigen Länder und jener Länder, die Französisch besonders fördern), er wünsche sich seine Muttersprache als eine *langue hospitalière,* als eine gastfreundliche Sprache. Das soll auch für das Deutsche gelten! Als Sprache gleich mehrerer Einwanderungsländer sollte sich das Deutsche als aufnahmefreundlich erweisen. Die vielen Zuwanderer, die zu uns gekommen sind und zu uns kommen, sind eingeladen, eine aktive Rolle in der Sprache des neuen Heimatlandes zu spielen. Viele haben es schon getan, so wie der deutsch-türkische Schriftsteller Zafer Şenocak. Er schreibt aus eigener Erfahrung, das Erlernen der deutschen Sprache »erfordert das Eindringen in den deutschen Identitätsraum, das Sich-Hineindenken in eine verborgene Sprache«.

Wenn unsere Sprache als Verkehrssprache im Einwanderungsland wieder wichtiger wird, dann stellt sich freilich auch die Frage: Was kann sie? Was bietet sie? Was bietet sie denen, die sie lernen? Und was macht sie reizvoll, ja liebenswert, sodass man sich geradezu in sie verlieben kann?

Eine Liebesbeziehung fußt gewöhnlich nicht nur auf unergründlicher Anziehung, sondern auch auf konkreten Vorzügen. Nun, was kann die deutsche Sprache besonders gut? Dieses Buch nennt die zehn wichtigsten Vorzüge unserer Sprache. Vorzüge also, die Sie kennen sollten, wenn Sie über die deutsche Sprache urteilen – ganz gleich übrigens, ob als Verächter, als Skeptiker oder als Liebhaber.

Eine Liebeserklärung benötigt freilich keinen Vergleich mit anderen Objekten der Sehnsucht, denn echte Liebeserklärungen wenden sich an das Unvergleichliche. Und wo eine Liebeserklärung keine direkten Vorzüge sieht, erkennt sie die *Besonderheiten* als liebenswert. Schöner als der Sprachgelehrte Mario Wandruszka kann man den Reiz und den Sinn der Besonderheiten der Sprachen nicht zusammenfassen: dass wir neben den ganzen Vorzügen einer Sprache auch erkennen, »wieviel Zufallsreichtum, wieviel Zufallsüberfluss in unseren Sprachen ist, wieviel zufälliges Überangebot«. Und auch im Deutschen ist neben seinen Vorzügen einiges von diesem »Überangebot« zu finden. Das wird am Ende dieses Buches ebenfalls zur Sprache kommen.

Aber vor allem wünsche ich mir natürlich, dass die Vorzüge der deutschen Sprache Sie, liebe Leserinnen und Leser, auch überzeugen. Und wenn nicht, dass Sie meine Liebeserklärung doch ein wenig verführt.[1]

Die Idee zu diesem Buch entstand nach einem Vortrag, den ich im Rahmen eines Bildungskongresses des Hessischen Kultusministeriums vor 800 Lehrerinnen und Lehrern im Audimax der Goethe-Universität Frankfurt zum Thema »Was die deutsche Sprache kann« hielt. Der große Zuspruch des kundigen Auditoriums hatte etwas ungemein Ermutigendes. Auch dem Piper Verlag – und insbesondere meinen anspornenden Lektorinnen Charlyne Bieniek und Esther Feustel – schulde ich Dank für die Ermutigung zu dieser besonderen Liebeserklärung.

Frankfurt am Main im Herbst 2022

Erster Vorzug: einfühlsam und ausdrucksstark

»Freilich nun wohl – setzen Sie sich und trinken Sie eins. Heute sind Sie meine Gäste.«

Heinrich Mann, »Professor Unrat«

Wenn wir im deutschen Sprachraum Zeugen von Unhöflichkeit sind, so liegt es jedenfalls nicht an der deutschen Sprache. Im Gegenteil, als wüsste die deutsche Sprache, dass Barschheit bei uns so häufig ist, hat sie uns gerade eine Vielzahl von freundlichen, kommunikationsfördernden Partikeln an die Hand gegeben. Sie werden im Deutschen besonders häufig verwendet.

Ausgerechnet die deutsche Sprache soll Freundlichkeit begünstigen? Manche Vorurteile sprechen eine andere Sprache. Das Deutsche sei ein barbarischer Jargon, den man gerade noch mit den Pferden sprechen könne, urteilte der französische Philosoph Voltaire. Auch Kaiser Karl V. sprach, wie er kundtat, zu Gott auf Spanisch, mit seiner Geliebten Italienisch, mit Freunden Französisch und zu Pferden Deutsch. Und doch, gerade das Deutsche bietet eine Fülle liebenswürdiger kleiner Wörter an, die geeignet sind, unser Verhalten positiv zu beeinflussen und den Kontakt zu anderen zu erleichtern. Es sind Wörter, über die in der Schule oft kritisch geurteilt wurde: Es seien Füllwörter oder Flickwörter, man solle sie meiden, weil sie nichts Echtes zu bedeuten hätten; es seien Verlegenheitswörter, um das eigene Zögern zu verdecken. Stattdessen solle man seinen Verstand gebrauchen, seine Wörter vor dem Sprechen sorgfältig wählen, dann könne man auf diese Füllwörter getrost verzichten.

Ganz falsch! Wir brauchen sie!

Es ist nämlich gerade so, als hätten unsere Vorfahren diese vielen kleinen freundlichen Wörter erfunden, weil sie wussten, dass so mancher zu Grobheiten neigt, weshalb sie Vorsorge trafen. Ja, man könnte zu dem Schluss kommen, die deutsche Sprache stelle so viele und so häufig gebrauchte freundliche Wörter bereit, eben weil die Deutschsprachigen zu Grobheiten neigen. Aber sollen wir im Umkehrschluss vermuten, die Franzosen neigten von Natur aus eher zur Höflichkeit, weshalb diese freundlichen kleinen Wörter im Französischen zu rund 40 Prozent weniger verwendet werden als im Deutschen?[1] Das ist schwer zu beurteilen. Jedenfalls stellt die deutsche Sprache diese Wörter zur Verfügung, und man sollte sie nicht als überflüssig betrachten, sondern die Vorzüge erkennen, die sie bieten.

»Wie heißt du *denn?*«, fragen wir das Kind eines neuen Nachbarn. Das ist netter und verbindlicher als die krude, fast schon fordernde, unmittelbar gestellte Frage: »Wie heißt du?« Das kleine Wörtchen *denn* schafft den Unterschied.

»Mach's *halt!*«, lautet die milde Aufforderung des Vaters an seinen Sohn, in der Dunkelheit den Dynamo an seinem Fahrrad anzuschalten, auch wenn es unter seinen Altersgenossen aus unerfindlichen Gründen als *uncool* gilt. Wenn die Sorge der Eltern schon nicht einzusehen ist, so versteht der Sohn zwischen den Zeilen, dann solle er es doch bitte, bitte aus reiner Gefälligkeit ihnen gegenüber tun! Das kleine und unscheinbare *halt* erzeugt den kameradschaftlichen Ton, der dem Nachwuchs womöglich das Einlenken erleichtert. Was würde hingegen der schlichte Befehl »Mach's!« in einer modernen Verhandlungsfamilie bewirken? Vermutlich nichts als Trotz.

»Wo bleibt sie *bloß?*«, lautet die besorgte Frage der Mutter an eine Freundin, weil die Tochter nicht nach Hause gekommen ist und es spät wird. Gewiss, dieses kleine *bloß* fügt zu der Frage, wo die Tochter bleibe, keinen neuen Sachverhalt hinzu. Aber es deutet die Sorge der Mutter an, und damit verleiht es der Frage die kommunikative Bedeutung. Dem schlichten »Wo bleibt sie?« ginge hingegen der entscheidende Mitklang ab, der durch das Wörtchen *bloß* erzeugt wird. Es geht ja eben gerade nicht nur um eine schlichte Informationsfrage, die die Gesprächspartnerin sachlich beantworten könnte, sondern um den Ausdruck der Sorge, ob der Tochter womöglich etwas widerfahren und dies der Grund für ihr Nichtkommen sein könnte. Wir sehen also, wie wichtig, ja entscheidend dieses *bloß* ist. Und damit erkennen wir auch, wie wichtig neben der rein sachlichen Frage die Tönung ist, die wir ihr geben. Die von der Mutter gestellte Frage würde auch ohne das Abtönungswort *bloß* nichts an ihrem Sachgrund einbüßen, so wie sie durch das Wörtchen auch keinen Wahrheitswert hinzugewinnt.

Unsere kleinen Freunde, die Partikeln, tragen keine eigene lexikalische Bedeutung. Wohl aber ist es die Haltung, die Stimmung der Fragenden, die durch diese »Zaunkönige im Pelz der Sprache«, wie der Linguist Peter Eisenberg sie fast schon zärtlich nennt, zum Ausdruck kommt. Und dies, den Ausdruck von Stimmungen, leisten diese kleinen Wörter meisterlich. Mit ihrer Hilfe ist unsere kommunikative Absicht fein und nebenhin eingeflochten und wird nicht mit großen Worten in die Welt hinausposaunt.

Wie fein die kommunikativen Unterschiede sein können, zeigt eine leichte Abwandlung. Hätte die Mutter nicht »Wo bleibt sie *bloß?*«, sondern »Wo bleibt sie *denn?*« gefragt, wäre der Mitklang deutlich harmloser, gewissermaßen in der Art wie »seltsam, sie wollte doch pünktlich sein«. Das Wörtchen *denn* ist verbindlich, weich, abmildernd. Dass man im Deutschen mit einem schlichten Austausch von kleinen Wortpartikeln auf einfache Weise eine Frage in ein ganz anderes Licht rücken kann, ist für die Verständigung sehr hilfreich.

Das Beispiel der Partikeln zeigt im Übrigen, dass Menschen, die die deutsche Sprache als Fremdsprache erlernen, nicht nur grammatische Kenntnisse erwerben müssen, sondern auch Regelmäßigkeiten in der *kommunikativen Verwendung* der Sprache. Mit einem Wörterbuch und einer Grammatik allein lernt man nicht alles. Wie die Sprache in Aktion *gebraucht* wird, wie also das, was uns das Sprachsystem an die Hand gibt, in der konkreten Sprechsituation mit welcher Wirkung angewandt wird, gehört ebenso zur Aneignung einer Sprache hinzu. Deshalb gibt es auch die Auffassung: Die Bedeutung der Wörter liegt in ihrem *Gebrauch.* Und tatsächlich: Wie sonst, wenn nicht im Zusammentragen aller denkbaren Kommunikationssituationen, in denen ein Wort mit dieser und jener Nuance verwendet wird, können wir zur Bestimmung der Bedeutung eines Wortes kommen? Und ganz gewiss trifft dies besonders auf die modulierenden »Füllwörter« zu, die ausschließlich kommunikativ, also in einer konkreten Gesprächssituation, ihren Zweck erfüllen.

Feine Zwischentöne

Eben diese Feinheit der kommunikativen Mitbedeutung ist der große Vorzug der Partikeln (aus lateinisch *particula*, Teilchen). Zählungen zufolge kommen im Deutschen im Durchschnitt auf 100 Wörter 13 Partikeln. Diese häufige Verwendung ist eine Besonderheit des Deutschen. Es ist nicht gerade einfach, eine Ballung von Partikeln in eine andere Sprache zu übersetzen, wie zum Beispiel die bewusst altmodische Bestätigungsformel des Professors Unrat in Heinrich Manns gleichnamigem Roman: *freilich nun wohl, traun fürwahr*. Häufig müssen (können aber auch) in anderen Sprachen andere Wege eingeschlagen werden, um die Abtönung der deutschen Partikeln wiederzugeben.[2]

Interessant ist der Gebrauch der Antwortpartikel *ja*. Oft wird *ja* nicht in dieser Funktion verwendet, sondern zum Ausdruck eines Vorwissens, das der andere mit uns teilt: »Sie wird *ja* in diesem Monat ihr Abitur schreiben.« Wenn wir nicht vermuteten, dass unser Gegenüber von dem bevorstehenden Abitur weiß, hätte das *ja* keinen Sinn. So aber schlagen wir die kommunikative Brücke zum anderen, indem wir an unser gemeinsames Vorwissen erinnern. Allerdings begegnen uns im Alltag auch immer wieder Zeitgenossen, die ein solches *ja* einflechten, ohne dass wir den Sachverhalt kennen könnten. So jemand verrät zu seinem eigenen Nachteil, dass er mehr bei sich als beim anderen ist, denn sonst wäre ihm bewusst, dass wir das, was er weiß, nicht wissen können, und er würde das *ja* vermeiden. Man darf die Partikeln nicht unterschätzen. Auch sie wollen korrekt verwendet werden.

Die Partikel *ja* hat übrigens Verstärkung erhalten. Es ist der Ausruf *und ja!*. Er unterstreicht die ihm folgende Aussage und hebt deren Berechtigung vorsichtshalber schon einmal hervor: »*Und ja,* Bildung für alle muss sein!« Das ist anders als »Bildung für alle muss ja sein.« Deutlich stärker, eben ein Ausruf. Auch der gegenteilige Ausruf ist inzwischen zu vernehmen: *Und nein!*, logischerweise im Zusammenhang mit Zuständen, die vehement abgelehnt werden und Empörung hervorrufen sollen. »*Und nein,* es ist nicht normal, dass immer mehr Leute so rücksichtslos sind!« Das Deutsche ist reich an kleinen Partikeln, die einem Satz Tönung verleihen. Mit *und ja!* und *und nein!* stehen nun zwei weitere Kandidaten zur Verfügung.

Wenn wir die Richtigkeit unserer Aussagen hervorheben wollen, bieten sich im Deutschen aber noch weitere, eher klassische Bestätigungspartikeln an: *eben* oder *ebendeshalb* – und vor allem *genau*.

Die Bestätigungspartikel *genau* hat inzwischen eine weitere Funktion erobert. *Genau!* wird auch mitten im Satz als Gliederungs- und Bestätigungsmerkmal des gerade laufenden Denk- und Formulierungsvorgangs gebraucht: »Nach dem Schulabschluss habe ich, *genau,* erst einmal ein Freiwilliges Soziales Jahr absolviert, und dann habe ich, *genau,* eine Banklehre begonnen. Da habe ich viel gelernt, *genau.*«

Kurios! Nicht der andere soll bestätigen, dass er verstanden hat, was man sagen wollte, sondern man selbst bestätigt sich ... ja was eigentlich? Man bestätigt sich selbst in einer Art innerem Monolog, dessen unfreiwilliger Zeuge aber nun auch der Gesprächspartner ist, dass man einen neuen Gedanken beginnt, oder auch, dass der Gedanke gerade endet. Man legt also die Arbeit an der Gliederung seiner Gedanken offen und macht auf sie aufmerksam, so als wäre eine besondere Anstrengung nötig, um die Gedanken sprachlich zu ordnen. Man legt die Tatsache offen, dass man sich dessen noch selbst vergewissern muss. Daran ist nichts moralisch Schlechtes, denn warum soll man nicht eingestehen, dass man gerade angestrengt nachdenkt?

Man tritt allerdings auch dem anderen gegenüber für eine Sekunde aus der Ebene der unmittelbaren Mitteilung heraus und begibt sich in einer Art Selbstreflexion auf die darüberliegende Ebene der Denk- und Sprachorganisation – und lässt seinen Gesprächspartner auch gleich daran teilhaben, der dann überprüfen kann, ob die Sprachproduktion des anderen funktioniert. Man kann es auch Transparenz nennen. Das bestätigende *genau* gibt die Antwort auf gleich mehrere selbst gestellte Fragen des Redners: Ist es so gewesen, wie ich es gesagt habe? Habe ich jetzt auch das gesagt, was ich sagen wollte? Und habe ich es an der richtigen Stelle gesagt? Allerdings kann man sich als Gesprächspartner auch fragen: Entspricht diese Offenlegung geistig-sprachlicher Anstrengung der vorgetragenen Gedankenfülle? Denn wie immer geht es in der Anwendung sprachlicher Mittel auch um die Angemessenheit, bezogen auf den Redegegenstand, den Empfänger der Nachricht und die Redesituation.

Die beobachtbare Verbreitung von *genau* unterstreicht einen Wesenszug der deutschen Sprache, den wir uns als Sprecher zunutze machen, aber auch, wie gezeigt, überstrapazieren können (wie alles, was uns zur Verfügung gestellt wird): Die Sprache *beeinflusst* uns darin, die kommunikativ so wirksamen Partikeln häufig zu gebrauchen und damit unsere Sprecherhaltung anderen gegenüber immer wieder zu offenbaren, statt uns nur auf den Ausdruck purer Sachverhalte zu beschränken. Das ist kommunikationsfördernd. Allerdings kann ein zu häufiger Gebrauch auch stören, weil man als Hörer nicht jede gedankliche Anstrengung und jeden Selbstzweifel des anderen nachvollziehen will, vor allem dann nicht, wenn er sich auch bei der Schilderung einfachster Sachverhalte wie es scheint besonders anstrengen muss. Freilich kann der Selbstzweifel, der mit *genau* vorgetragen wird, manchmal durchaus sympathisch wirken: Hier ist jemand ohne Scheu ehrlich zu sich selbst und zu anderen, was wiederum der offenbar so beliebten Gefühlsäußerung im Deutschen entspricht.

Erfrischende Neuzugänge

Die deutsche Sprachgemeinschaft ist erfinderisch. So kommen neue Partikeln hinzu. Das gilt auch für eine besondere Klasse, die die Intensität einer Äußerung hervorheben, man nennt sie Gradpartikeln. Wir kennen zum Beispiel die Gradpartikeln *sehr, ganz, höchst* oder *ziemlich*.

Nun sind gerade Kinder und Jugendliche immer auf der Suche nach markanten Aussagen, für die sie Hervorhebungen erfinden. Und so haben sie das Deutsche durch eine Fülle von jugendsprachlichen und inzwischen auch umgangssprachlichen Partikeln bereichert, angeführt von der Gradpartikel *voll*. »Mama, das ist *voll* schön!«, ruft ein Mädchen angesichts eines sich rasch drehenden Karussells im Schaufenster eines Spielzeugladens aus. »*Echt megakrass*«, kommentiert die ältere Schwester. Jede junge Generation findet ihre eigenen altersgemäßen Hervorhebungen und Tönungen. Das belebt die Jugendsprache. Und auch als Erwachsener kann man in ausgesuchten Kontexten durchaus einen Effekt erzeugen, wenn man etwas *voll unfair* findet.

Kommunikativen Zwecken dienen auch Ausrufe und Gesprächskommentare wie der Ausdruck *ganz ehrlich*, der gewöhnlich am Anfang eines Satzes steht. Seine Verwendung hat enorm zugenommen, wobei es hier sowohl auf die Partikel *ganz* als auch auf das Adjektiv *ehrlich* ankommt.

Ganz ehrlich leitet ein emotionales Geständnis ein. Meist handelt es sich um eher alltägliche Widrigkeiten, die spontane Reaktionen hervorrufen:

A: »Da hat sie ihren Urlaub in letzter Sekunde dann doch noch verlegt.«

B: »Echt jetzt? Ganz ehrlich: Das geht so was von gar nicht.«

C: »Voll unfair! Aber mal ganz ehrlich: Ist auch nicht das erste Mal, dass sie so was bringt!«

In den meisten Fällen kann sich die Empörung auch rasch wieder legen oder sich ohne Umstände einem neuen Gegenstand zuwenden. Denn so ernst war sie nun auch wieder nicht gemeint. Deshalb ist die moderne Geständnisformel eben das, was die meisten neuartigen Hervorhebungen auszeichnet: leicht übertrieben – so als ginge es um die Offenbarung einer brisanten Wahrheit, die nur unter dem Siegel der Verschwiegenheit geäußert werden kann, ja in manchen Fällen nachgerade um eine Art moderner Beichte (so wie die Liedautoren der Schlagersängerin Helene Fischer sie denn auch gleich mit gutem Gespür für Populäres in dem Titel »Mal ganz ehrlich« verarbeitet haben). Tatsächlich aber ist *ganz ehrlich* eine Kurzformel für alltägliche Aufgeregtheiten aller Art und genau deshalb so beliebt.

Wie gesagt, ist die Sprachgemeinschaft in der Erfindung oder Umwidmung von Partikeln ausgesprochen produktiv. Die deutsche Sprache begünstigt es. Der Gesprächskultur kann es eigentlich nur nützen, *eben gerade* dann, wenn es – *genau! – wieder einmal voll* ums Gefühl geht. *Ganz ehrlich!*

Zweiter Vorzug: geschmeidig in der Wortbildung

Auf eines versteht sich die deutsche Sprache vorzüglich, ja besser als alle anderen: auf die Bildung von Nominalkomposita.

Ilma Rakusa

Wörter erfinden? Wörter lernen? Das ist im Deutschen nicht sehr schwer. Das Deutsche macht es uns leicht, neue Wörter aus bestehenden zusammenzusetzen. Man hat es deshalb auch »Lego-Sprache« genannt, und darum ist der deutsche Wortschatz so umfangreich. Deutsch hat einen der größten Wortschätze. Das ist ein großer Vorzug. Denn in den Wörtern erfahren wir die Welt, in ihnen bestimmen wir unsere Welt, und mit ihnen sprechen wir über unsere Welt.

Sagen wir es gleich: Wir brauchen keinen riesigen Wortschatz zum schieren Überleben. Wir kommen zur Not auch mit ganz wenigen Wörtern aus. Forschungen haben ergeben, dass etwa 750 Wörter den alltäglichen Sprachgebrauch ausmachen. Nicht umsonst umfasst der Grundwortschatz der Sprachen nicht mehr als 2800 Wörter. Damit kommt man schon weit. Und wenn wir 10 000 Wörter nutzen, verwenden wir schon den aktiven Wortschatz eines Muttersprachlers mit gutem Bildungsabschluss. Ist es also ein Vorteil, wenn uns eine Sprache mehr als jene 10 000 Wörter bietet?

Wir Sprachwesen – und das sind wir unzweifelhaft und glücklicherweise, seit unsere Vorfahren vor etwa 170 000 Jahren (wir wissen es nicht genau) die Anfänge der Lautsprache entwickelten – haben die besondere Fähigkeit, ein Zeichen für eine Vorstellung zu setzen. Man nennt dies das Stellvertreterprinzip: An die Stelle einer Vorstellung, einer Idee, einer Empfindung, eines wahrgenommenen Gegenstandes setzen wir ein Zeichen. Dieses Zeichen hat einen Doppelcharakter. Es hat eine lautliche und eine inhaltliche Seite. Aus beidem formen wir ein Wort. In der Kombination beider Seiten des Zeichens sind wir grundsätzlich frei. Zwar gibt es einige Wörter mit lautmalerischem Charakter (wie *Wauwau*), aber bei den meisten Wörtern ist das Verhältnis zwischen Laut und Zeichen willkürlich. Eine Einschränkung: Da wir in bestimmten Sprachen aufwachsen, sind wir allerdings von der Lautstruktur der jeweiligen Sprache und den Regeln ihrer Wortbildung beim Bilden neuer Wörter beeinflusst.

Auch wachsen wir mit den Wörtern der Erwachsenen auf, von deren Bedeutung wir uns als Kinder freilich zunächst oft andere Vorstellungen machen, indem wir sie

… in »falscher«, aber kreativer Analogie selbst inter- …: Kinder verallgemeinern etwas zunächst und dif- …nzieren es erst später (*Wauwau* zunächst für alle Tiere oder *Papa* zunächst für alle Männer). Kinder wachsen in eine Sprache hinein, und der wahrscheinlich angeborenen Sprachfähigkeit wie auch ihrer Einbindung in eine vertraute sprechende Umgebung ist es zu verdanken, dass sie bis zum sechsten Lebensjahr über einen passiven Wortschatz von bereits 9000 bis zu 14 000 Wörtern in ihrer Muttersprache verfügen.

Und die Erwachsenen? Forschungen zeigen, dass der Wortschatz zwischen dem sechsten und dem sechzehnten Lebensjahr durchschnittlich um jährlich 3000 Wörter wächst. Die Spanne bei den Erwachsenen ist freilich riesig: Ein 15-Jähriger beherrscht im Schnitt 15 000 Wörter aktiv, ein Erwachsener zwischen 5000 und bis zu 200 000 Wörtern. Bei der täglichen Sprachproduktion unterscheiden sich übrigens Männer und Frauen kaum. Einer Studie zufolge sprechen Frauen im Durchschnitt täglich 16 000 und Männer 15 000 Wörter. Die Extrempositionen liegen bei Einzelnen allerdings zwischen 500 und 47 000 Wörtern täglich. Natürlich handelt es sich in diesem Fall nicht um lauter verschiedene Wörter, sondern um die Anzahl aller geäußerten Wörter. Fachleute schätzen, dass ein gebildeter Deutscher etwa 50 000 Wörter passiv kennt. Und wie steht es mit den Meistern der deutschen Sprache, den Schriftstellern? Auch hier ist die Spanne groß: Der Dichter Georg Trakl kam mit 3800 Wörtern aus, aber Johann Wolfgang von Goethe verwandte 90 000.

Diese Zahl mag uns beeindrucken. Sie ist aber immer noch viel geringer als das, was uns die deutsche Sprache tatsächlich anbietet. Interessant dabei ist, dass ihr Wortschatz seit dem Althochdeutschen im 9. Jahrhundert stark gewachsen ist – man könnte versucht sein, dies mit dem Wachstum des Wortschatzes im Laufe unserer Lebenszeit zu vergleichen. Untersucht man den damaligen Sprachzustand, kommt man, so die Zählung des Sprachwissenschaftlers Thorsten Roelcke, auf rund 20 000 bis 30 000 Wörter. Die Deutsche Akademie für Sprache und Dichtung nennt in ihrem ersten »Bericht zur Lage der deutschen Sprache« beeindruckende Wachstumszahlen: Für das Jahr 1914 misst sie 3,7 Millionen, für 1957 5 Millionen und für 2004 5,3 Millionen Wörter. Das ergibt ein Wachstum um ein Drittel in nur 100 Jahren! Es ist weniger neu erfundenen Wörtern wie *rödeln* zu verdanken als vielmehr den Wortzusammensetzungen.

Fünf Millionen Wörter – das ist viel mehr, als ein Mensch je lernen kann. Und diese sehr große Zahl ist noch nicht alles. Denn das Duden-Korpus umfasst rund 18 Millionen belegte Wörter, allerdings mit vielen Gelegenheitskonstruktionen, die sich im Sprachgebrauch nicht halten. Und wenn man die elektronische Textsammlung der Duden-Redaktion konsultiert, sind dort mehr als vier Milliarden Wortformen zu finden. Dabei wird allerdings jede Flexionsform extra gezählt. Dagegen nehmen sich die 3000 bis 5000 neuen Wörter, die der Duden in jeder alle drei bis fünf Jahre erscheinenden Neuausgabe hinzunimmt, schon bescheiden aus; dabei geht es freilich nur um solche neuen Wörter, die sich in ihrer Verwendung durch eine gewisse Häufigkeit auszeichnen, sodass sie dem öffentlichen Sprachgebrauch zugerechnet werden können. Ganz offensichtlich ist das Deutsche also eine Sprache mit riesigem und stetig weiter wachsendem Wortschatz. »Nur sehr wenige Sprachen weisen einen solchen Reichtum auf«, so der Sprachwissenschaftler Wolfgang Klein, einer der Autoren des ersten »Berichts zur Lage der deutschen Sprache«.[1]

Aber zurück zu unserer Ausgangsfrage, ob denn mehr als 10 000 Wörter überhaupt sein müssen, da unsere aktive Sprachverwendung damit im Alltag auskommt. Wolfgang Klein hat darauf in dem genannten Lagebericht eine klare Antwort gegeben: »Die Tauglichkeit einer Sprache bemisst sich letztlich daran, was an Gedanken und Gefühlen, Verboten, Wünschen man mit ihr auszudrücken vermag. Das hängt zum einen davon ab, über welche Ausdrucksmittel die Sprache verfügt, und zum anderen davon, wie die Sprecher mit diesen Mitteln umgehen, wenn sie bestimmte Inhalte auszudrücken versuchen.«[2] Wenn man einen Bösendorfer Flügel besitze, so Wolfgang Klein in einem schönen Vergleich an anderer Stelle, müsse man ihn auch spielen können. Doch uns geht es erst einmal um das, was uns die deutsche Sprache überhaupt anbietet. Und dass es ein großer Wortschatz ist, stellt zunächst und vor allem einen schätzenswerten Vorzug dar, selbst wenn wir ihn nur eingeschränkt nutzen sollten.

Wie ist ein so großes Wachstum überhaupt möglich? Dafür sind nicht nur äußere Bezeichnungszwänge verantwortlich, denn dann müssten die Wortschätze zumindest der großen Sprachen ähnlich umfangreich sein. Es gibt begünstigende Faktoren in der deutschen Sprache selbst, die es uns leicht machen, neue Dinge, Gedanken, Ideen mit neuen Wörtern zu benennen. Praktisch dabei ist, dass sich der große native, also ursprüngliche Wortschatz des Deutschen aus nur 8000 Wörtern mit einfachen Stämmen entwickelt.[3] Dies ist deshalb möglich, weil das Deutsche eine Reihe von leicht handhabbaren Wortbildungstechniken anbietet. Das zeigt ein Blick in seine Morphologie, jene sprachwissenschaftliche Disziplin, die sich mit den kleinsten Bausteinen der Wortbildung befasst. Sie beschreibt diese Bauteile und deren Zusammensetzung zu komplexen Wörtern.[4] Und in diesem Bereich erweist sich das Deutsche als sehr wendig.

Es verfügt über zahlreiche elastisch einzusetzende sogenannte Morpheme, die es uns leicht machen, Wörter zu bilden. Ein gutes Beispiel – nicht zuletzt, weil es in einem berühmten Satz des Grundgesetzes steht – ist das Wort *unantastbar.* Der Wortstamm *tast-* ist tatsächlich nur eine der vier Wortsilben. Drei Silben sind näher bestimmende Morpheme, sogenannte gebundene Morpheme. Sie können auch in anderen zusammengesetzten Wörtern zum Einsatz kommen. Das Morphem *un-* finden wir in Adjektiven und Substantiven. Das Morphem *an-* wird in Verben und ihren substantivierten Ableitungen verwendet. Das Morphem

-bar kennzeichnet gewöhnlich Adjektive oder Adverbien, kann aber auch in Substantiven mit adjektivischem Kern *(Anfass**bar**keit)* wiederverwendet werden. Außerdem kann das zusammengesetzte Adjektiv *unantastbar* mithilfe des Substantiv-Morphems *-keit* in ein Substantiv umgewandelt werden: *Unantastbarkeit.*

Das Praktische an der deutschen Wortbildung ist diese leichte Zusammensetzbarkeit der Wörter. Sie ist auf verschiedenen Wegen möglich. Oben haben wir bereits die Verbindung von Wortstämmen mit Vor- und Nachsilben gesehen – eine sehr produktive Form der Wortschöpfung.

Wir können sie noch untergliedern in die Wortbildung mit vorangestellten Morphemen, den Präfixen, wie *ent-* oder *ver-*, aber auch mit *auf-*, *neben-* oder *unter-*, entsprechend den bestehenden Präpositionen. Diese Art der Wortbildung funktioniert bei Verben, Substantiven und Adjektiven *(entschlacken; aufbauen; Entschluss; Aufzug; enthaltsam; aufmerksam)*. Ebenso gut können Nachsilben, sogenannte Suffixe, an bestehende Stämme angebaut werden: *Umgeb-ung, Frei-heit, Freundlich-keit* für die Substantive; für die Adjektive *arbeit-sam, sau-mäßig, bildungs-arm, schadstoff-frei.*

Produktive Wortverbindungen

Eine weitere Möglichkeit der Wortbildung ist das Zusammenschweißen zweier selbstständiger Wörter, die Komposition. Wir können einfach zwei Substantive zusammenschweißen: *Eisen + Bahn = Eisenbahn.* Tausende Wörter sind auf diese Weise gebildet worden, von der *Haus-tür* über die *Straßen-reinigung* bis zum gar dreigliedrigen *Wert-stoff-hof.* Ein großer Vorteil für Nichtmuttersprachler: Die Bedeutungen vieler dieser Kompositionen sind aus ihren Bestandteilen unmittelbar zu erkennen, sodass sie gar nicht neu gelernt werden müssen. Aus der *Straßenbahnfahrt* ist die Fahrt mit der Straßenbahn im Handumdrehen zu erschließen.

Doch muss leider etwas Wasser in den Wein gegossen werden: Denn die wörtlich zu entnehmende Bedeutung der Wortzusammensetzungen reicht nicht immer aus, um eine Zusammensetzung in ihrer *vollständigen* Bedeutung zu verstehen. Der Linguist Peter Blumenthal nennt Beispiele wie *Trümmerfrauen* oder *Männerfreundschaft,* aber auch *Frauenfreundschaft,* die historisch begründete und zeitgeistige *Mit*bedeutungen tragen, ohne deren Verständnis sie nur oberflächlich und nicht in ihrer ganzen Tragweite verstanden würden.[5]

Die leichtgängige Kombination von Wörtern, die aus dem nativen Wortschatz abgeleitet sind, ist auch eine Besonderheit des Wortschatzes deutschsprachiger Philosophie. In einem faszinierenden Lexikon unübersetzbarer Begriffe wird auf die Tatsache hingewiesen, dass philosophische Begriffe und Konzepte im Deutschen durch die leichte Zusammensetzbarkeit der Wörter direkt aus der Allgemeinsprache geformt werden können: »In der Sprache der Philosophie spielt die Allgegenwart von Zusammensetzungen eine zentrale Rolle für die Begriffsbildung«, heißt es dort.[6] »Das bedeutet gewiss nicht, dass Deutschsprachige schon allein dank ihrer Sprache zu ›Philosophen‹

oder Theoretikern werden, aber es bleibt die Tatsache bestehen, dass man im Deutschen, mit ziemlichem Unterschied zum Französischen, auf der Basis der Grundregeln der Sprache Begriffe bilden und sozusagen mit der Grammatik philosophieren kann.« Diese Technik der Wortbildung eröffne der Sprache der Philosophie »unbegrenzte Möglichkeiten«.

Als Beispiel für die komplexe Bedeutung eines aus der deutschen Alltagssprache übernommenen und mit spezieller Bedeutung aufgeladenen philosophischen Fachbegriffs wird die berühmte Hegel'sche *Aufhebung* herangezogen (in der dialektischen Bedeutung von zugleich *bewahren* und *abschaffen* beziehungsweise *überwinden*).[7] Der Begriff der *Aufhebung* zählt denn auch als deutschsprachiger Begriff zum internationalen philosophischen Fachvokabular – wie viele weitere, wovon das besagte Philosophielexikon zeugt.

Doch zurück zum Reichtum des deutschen Wortschatzes: Einer der großen Wortschöpfer des Deutschen, Martin Luther, hat etliche Wortkombinationen bei seiner Bibelübersetzung geschaffen, die noch heute in Gebrauch sind: *Lästermaul, Schandfleck, Machtwort, Gewissensbisse, Lockvogel.* Aber auch *Feuertaufe, Feuereifer* (bei Luther allerdings negativ gemeint), *Bluthund, Mördergrube, Selbstverleugnung, Lückenbüßer, Langmut.*

Manche Wortkompositionen nutzen auch eine fast schon dichterische Technik, die des Sprachbildes – der Metapher – wie zum Beispiel das *Stuhlbein.* Denn nur ein Teil der Bedeutung des Wortes *Bein,* allein die stützende Funktion, wird hier auf den Stuhl übertragen. Während die metaphorische Verwendung von *Bein* in *Stuhlbein* eine *verblasste* Metapher ist, die wir also im Sprachgebrauch nicht mehr als solche wahrnehmen, sind andere Kompositionen mit metaphorischer Bedeutung auffälliger, und sie sollen und wollen es wegen der polemischen Absicht ihrer Erfinder auch sein: zum Beispiel der *Zeitgeistdackel,* der *Datenpfau,* der *Gitarrenpapst,* der *Beschulungstunnel* oder der *Kunstkerker,* bissige metaphorische Gelegenheitskonstruktionen aus der Kulturkritik, die die Linguistinnen Helge Skirl und Monika Schwarz-Friesel in einer reichhaltigen Sammlung zusammengestellt haben.[8]

Auch die Sprache der Politik macht sich diese Technik der metaphorischen Wortkomposition zunutze, denn sie erzeugt Bildlichkeit und damit Griffigkeit und Vorstellbarkeit. Ein Blick in Parteiprogramme enthüllt eine erstaunliche polemische Kreativität: *Schlupflöcher* (im Aktienrecht), *Dispo-Deckel, Mietpreisbremse, Verkehrswende, exekutive Fußspur, Mittelstandsbauch, Subventionsbremse, Sanierungsstau, Generationenschnitt, Sektorenkopplung, Markthochlauf, Wohnungsgipfel.* Auch aus der Werbung sind derartige Kompositionen bekannt wie zum Beispiel *Klangkultur* oder – schon etwas älter – *Einbauschrank* und *Klubgarnitur.*

Die Technik der Wortkomposition macht es darüber hinaus möglich, sehr komplexe Wörter zu bilden, bei denen alles unter einem Dach ist. In den Neuausgaben des Duden werden stets die längsten Wörter genannt, die die Redaktion gefunden hat. Dazu gehört das *Arbeiterunfallversicherungsgesetz.* Gewiss, man muss bis zum Grundwort am Ende warten, bis zu *Gesetz,* um zu verstehen, worum es geht; aber dann wird man auch für seine Geduld belohnt. Denn man findet einen komplexen Sachverhalt in einem einzigen Begriff gebündelt. Das längste jemals erfasste deutsche Wort ist das *Rindfleischetikettierungsüberwachungsaufgabenübertragungsgesetz* aus Mecklenburg-Vorpommern. Der Begriff wurde inzwischen abgeschafft. Einige neue Gesetze suchen eher die leichtest mögliche Verständlichkeit und rücken von dem Prinzip der Substantivkomposition ab: Das Gute-Kita-Gesetz klingt allerdings auch selbst ziemlich kindlich, wenn nicht kindisch.

Die Wortkomposition ist auch mit Adjektiven möglich wie *hochbegabt* oder *niedrigschwellig*. Die Werbung macht sich dieses Konstruktionsprinzip, das ebenso für weitere Wortklassen gilt, abermals für eigene Kreationen zunutze. Eine ganze Reihe von ihnen hat wie schon bei den Substantiven den Weg in den allgemeinen Sprachgebrauch gefunden. Der Germanist Siegfried Grosse hat vor Jahren eine reichhaltige Sammlung zusammengestellt,[9] zum Beispiel *waschecht, pflegeleicht, glasklar, formtreu, atmungsaktiv, wasserabweisend.* Interessant sind auch die Erfindungen von Farbadjektiven aus dem Bereich der Werbung, die unser Farbenspektrum erweitert haben: *goldbraun, silbergrau, halbweiß, nachtblau, taubenblau, fliederfarben.* Wir können letztlich aber auch alle bestehenden Wortklassen zusammenschweißen. Das geht sogar mit Partikeln und Präpositionen: *Mehr + Weg + Flasche = Mehrwegflasche; vor + Arbeiter = Vorarbeiter.*

Die unkomplizierte Wortzusammensetzung ist fraglos ein großer Vorzug der deutschen Sprache, denn sie gibt uns die »Fähigkeit zum Speichern komplexen Wissens«, augenscheinlich eine der wichtigsten Aufgaben in einer wissensbasierten Gesellschaft.[10]

Eine weitere Möglichkeit der Wortbildung ist die Umwandlung der Wortklasse, die Konversion. Sie ist ungemein praktisch, weil jedes Verb in ein Substantiv umgewandelt werden kann: *wandern* in *das Wandern, bauen* in *das Bauen, schwimmen* in *das Schwimmen.* Gleiches gilt für Adjektive: *neu* wird *das Neue, gut* wird *das Gute, schön* wird *das Schöne.* Oder wie es auf dem Kapitel der Alten Oper in Frankfurt mit Goethes Worten zu lesen ist: »Dem Wahren Schönen Guten.« Parallel dazu gibt es noch weitere Substantive aus demselben Kern: *die Güte, die Wahrheit, die Schönheit.* Ganze Wortfamilien können wir durch leichtgängige Ableitungen schaffen: *Haus, Gehäuse, Behausung, Häuschen, Haushalt, häuslich.*

Es gibt noch weitere, etwas speziellere Arten der Wortbildung im Deutschen: Abkürzungen, Wortkreuzungen, Lehnübersetzungen; aber die produktivsten sind die oben genannten. Sie erlauben es, die Dinge sehr genau und fein unterschieden zu benennen.

Große Wortfelder

Genauigkeit entsteht im Deutschen aber nicht nur durch Wortkombinationen. Wenn wir an die Verben denken, so wird die Bezeichnung feiner Unterschiede zwar durch Vorsilben wie *ab, an, auf, aus, herab, heran, herauf, herbei, herein* begünstigt. Aber auch auf andere Weise sind große Wortfelder entstanden, die eine hochdifferenzierte Benennung beispielsweise von Arten der Fortbewegung ermöglichen. Man unterscheidet *gehen, laufen, trippeln, tippeln, dackeln, zuckeln, watscheln, stapfen, stampfen, spazieren, schlendern, wandeln, bummeln, trödeln, flanieren, schreiten, stolzieren, stelzen.*

Außerdem können wir denselben Vorgang oder dieselbe Handlung durch gleichbedeutende Wörter mit unterschiedlichen Mitbedeutungen, die Synonyme, benennen. Sie sind ebenfalls Quelle unseres Wortschatzes, denn auch mit ihrer Hilfe haben wir die Möglichkeit, Andeutungen zu machen, ohne die Bedeutung zu opfern. So ist es ein Unterschied, ob wir sagen, dass jemand *verschieden* oder *abgekratzt* ist. Die Auswahl der Verben des Wortfeldes *sterben* ist groß: Wir können wählen zwischen *den Geist aushauchen, entschlafen, verscheiden, ins Gras beißen, krepieren, verrecken, den Löffel abgeben.* Die Wahl hat allerdings Folgen. Denn indem wir ein bestimmtes Stilniveau verwenden, verraten wir, wes Geistes Kind wir sind und wie wir zu dem Verstorbenen stehen.

Die unterschiedlichen Stilniveaus gehören zur Sprache. Sie werden gebraucht, denn sie geben Zusatzinformationen über die Haltung des Sprechers, manchmal durchaus auch ungewollt … Außerdem sind Gruppensprachen aller Art und sogenannte Funktionalstile wie auch die verschiedenen Textsorten unserer Alltagswelt unerschöpfliche Quellen weiterer spezifischer Wortbildung, wie zum Beispiel der Sprachgebrauch der Verwaltung, der Medien und der Literatur oder auch Sondersprachen wie der Jugend- oder der Gaunerjargon.[11]

Nicht hierarchisch-logisch gegliedert

Bei aller Differenziertheit des riesigen deutschen Wortschatzes dürfen wir allerdings nicht erwarten, dass er hierarchisch-logisch aufgebaut ist. Dann müsste er streng genommen letztlich auf ein einziges Wort zurückgehen. Es dürfte dann auch keine gleichlautenden Wörter mit völlig unterschiedlichen Bedeutungen geben wie *Schloss* oder *Flur.* Rein logisch ist es auch nicht, dass es Gewohnheiten der bevorzugten Abfolge von Wörtern gibt wie *Himmel und Erde* oder *Geben und Nehmen.* Phänomene der Gerichtetheit sind nicht logisch, sondern durch Gewohnheit begründet. So sagen wir gewöhnlich, dass etwas *zu lang* ist, aber nicht, dass es *nicht kurz genug* ist. Ähnlich ist es bei *schnell* und *langsam:* Wir sagen *halb so schnell,* aber nicht *doppelt so langsam.* Man nennt das positive und negative Polarität.[12]

Auch gibt es semantische Lücken. Um nur zwei bekannte Beispiele zu nennen: Es fehlt im Deutschen das Gegenstück zu *satt.* Man kann zwar sagen: »Mein Durst ist gestillt (oder gelöscht)«, aber es fehlt das entsprechende Adjektiv. Der Vorschlag *sitt* hat sich nicht durchgesetzt, und *genug getrunken* ist auch nicht überzeugend. Die semantische Lücke bleibt unbesetzt (trotz eines Wettbewerbs von Duden und einem Teehersteller). Auch gibt es keinen Oberbegriff für *rund* und *eckig.* Unsere Sprache ist eben keine widerspruchsfreie und lückenlose Formelsprache wie die der Mathematik oder eine Nomenklatur wie die Fachsprache der Chemie. Doch kommen andererseits auch die Naturwissenschaften nicht ohne Sprachbilder aus, so zum

Beispiel die Physik: *Dunkelwolken, Kugelhaufen, Spiralnebel, Wurmlöcher, Quantentunnel, Quantenschaum.*[13]

Mit den Millionen von Wörtern unseres Wortschatzes und ihren feinen Unterschieden bietet sich uns eine reiche und dichte Beziehungswelt von Bedeutungen und Mitbedeutungen. Mit diesem Nuancenreichtum können wir unsere Wahrnehmung der Welt verfeinern. Dass wir in unserer Wahrnehmung nicht gefangen sind, sondern sie ständig neu oder anders ausrichten können, liegt auch an der Möglichkeit, die Welt in neuen Wörtern zu erfassen – die deutsche Sprache macht es uns leicht.

Dritter Vorzug: gelenkig im Satzbau

Warum wird eine Eigenschaft schon deshalb als negativ bewertet, weil sie Lernschwierigkeiten verursacht? Sind Sprachen gut, wenn sie leicht lernbar sind?

Peter Eisenberg

Unser Satzbau, ein Vorzug? Was hat man nicht alles über den deutschen Satz gehört! Er sei kompliziert. Er verführe zu Längen. Er folge einer unnatürlichen Ordnung. Die Vorzüge des deutschen Satzbaus sind aber im Gegensatz zu den genannten Vorurteilen: Gelenkigkeit und Nuancenreichtum.

Wenn es einen Bereich des Deutschen gibt, der von Ausländern, die unsere Sprache lernen, gefürchtet und als schwierig befunden wird, dann ist es der Satzbau. Doch zunächst zur Ehrenrettung des Satzes schlechthin: Er ist eine geniale Erfindung menschlicher Sprachen. Aus der Kombination von Wörtern oder Wortgruppen mit bestimmten Stellungsregeln können wir unendlich viele Sätze bilden. Wilhelm von Humboldt fasste diese geniale Kombinatorik so zusammen: »unendlicher Gebrauch von endlichen Mitteln«. Auf das Deutsche bezogen heißt das, dass unendlich viele deutsche Sätze auf der Grundlage einer begrenzten Anzahl von sogenannten Satzbauplänen gebildet werden können. Die deutsche Sprache zählt 36 Satzbaupläne. Das ist eine durchaus begrenzte Zahl. Dieses Prinzip des Sprachbaus erlaubt uns, unsere Gedanken und Empfindungen in Worte zu kleiden und die Aussagen darüber in unendlich vielen verschiedenen Sätzen zu formulieren. (Ebenso unendlich sind natürlich auch die Möglichkeiten, völlig unsinnige Sätze zu bilden.)

Im deutschen Satzbau gibt es zwei charakteristische Stellungsregeln. Wenn man sie kennt und beachtet, spricht man korrekt: nämlich erstens die Regel, dass im Hauptsatz das Verb stets an zweiter Stelle steht, Grammatiker nennen es das *Verbzweit: Er* ***gab*** *ihr das Buch.* Das gilt ebenso, wenn eine Umstandsbestimmung am Anfang des Satzes steht: *Gestern* ***gab*** *er ihr das Buch.* Anders ordnet zum Beispiel das Französische die Wörter zu einem Satz an: *Hier, il lui donna le livre* (Gestern er ihr gab das Buch). Ähnlich ist es in den südromanischen Sprachen, etwa im Italienischen oder Spanischen. Auch im Englischen gibt das Verb seine Zweitstellung auf, sobald eine Umstandsbestimmung am

Satzanfang steht: *Yesterday he gave her the book* (Gestern er gab ihr das Buch). Das Verbzweit gilt im Deutschen unverändert auch dann, wenn Subjekt und Objekt die Plätze tauschen: *Ihr gab er das Buch.* Diesen Satzakzent, der in unserem Beispielsatz das Objekt *(ihr)* betont, stellt das Französische nicht wie das Deutsche durch Umstellung der Wortfolge dar, sondern es greift zur Hervorhebung: ***C'est à elle*** *qu'il donna le livre* (Es ist ihr, dass er das Buch gab). Mit dieser Hervorhebung kann das Französische allerdings auch fast alles machen. Im Deutschen genügt die schlichte Umstellung des hervorgehobenen Wortes an den Satzanfang.

Spielend leichte Umstellung

Wenn nun das Verbzweit eine Schwierigkeit für Deutschlerner darstellt, so gibt es aber im deutschen Satzbau im Gegenzug auch reiche Entschädigung. Denn mit ganz einfachen Mitteln kann man unterschiedliche Nuancen derselben Satzaussage erzeugen. Allein durch unterschiedliche Betonung der Wörter im Satz kann bereits bei normaler Wortfolge ein jeweils anderer Satzakzent und damit eine zusätzliche Bedeutungsnuance erreicht werden.

Betrachten wir den Satz: *Ich habe sie am Bahnhof gesehen.* Die sechs möglichen Bedeutungsnuancen lauten (hervorgehoben ist, was jeweils betont wird):

Ich habe sie am Bahnhof gesehen.
Ich **habe** sie am Bahnhof gesehen.
Ich habe **sie** am Bahnhof gesehen.
Ich habe sie **am** Bahnhof gesehen.

Ich habe sie **am Bahnhof** gesehen.
Ich habe sie am Bahnhof **gesehen**.

Was haben wir hier getan? Wir sind schlicht den Satz durchgegangen, haben jedes Wort einmal gesondert betont und dadurch ohne jede Umstellung der Wortfolge insgesamt sechs verschiedene Bedeutungsnuancen erreicht. Man kann nicht behaupten, das sei umständlich.

Wenn man in einem zweiten Schritt auch die *Wortfolge* verändern will, um das betonte Wort noch stärker hervorzuheben - zum Beispiel in der geschriebenen Sprache, in der wir die obigen Betonungen ja gar nicht hören können -, zeigt sich erneut die Gelenkigkeit des deutschen Satzbaus. Wir können nämlich auf ganz ähnliche Weise wie durch die schlichte Betonung das uns wichtige Wort (beziehungsweise Satzglied) hervorheben.

Nehmen wir den Satz: *Ich habe sie gestern Abend am Bahnhof gesehen.* Und nun betonen wir viermal unterschiedlich durch Umstellungen:

Gestern Abend habe ich sie am Bahnhof gesehen.
Am Bahnhof habe ich sie gestern Abend gesehen.
Sie habe ich gestern Abend am Bahnhof gesehen.
Gesehen habe ich sie gestern Abend am Bahnhof.

Zur Klarheit: Was in diesen Beispielen umgestellt wurde, sind nicht nur *Wörter,* sondern Satzglieder, die die zentralen Informationen des Satzes tragen: Subjekt *(ich),* Objekt *(sie),* Prädikat *(habe gesehen),* Adverbial *(gestern Abend; am Bahnhof).* Letztere sind die guten alten Umstandsbestimmungen, also Angaben zu Zeit, Ort, Grund.

Wie wurden nun diese weiteren vier Bedeutungsnuancen erzeugt? Ganz einfach: Man stellt schlicht das herausgehobene Satzglied an den Anfang des Satzes, fügt das Verb an zweiter Stelle hinzu, stellt Zeit vor Ort *(gestern Abend am Bahnhof)*, und schon bieten sich weitere Bedeutungsnuancen mit identischem Wortmaterial. Das ergibt zehn verschiedene Nuancen bei geringem Einsatz.

In dem Satz *Er hat mir diesen Hinweis gegeben* können wir jedoch noch weitere, etwas ungewöhnliche, aber nicht falsche Wortfolgen hinzuzählen:

> Gegeben hat einen Hinweis er mir.
> Mir hat er einen Hinweis gegeben.
> Es hat gegeben einen Hinweis er mir.[1]

Im letztgenannten Fall rückt das Pronomen *es* an die erste Stelle im Satz, weil die übrigen Satzglieder erst nach dem Hilfsverb *(hat)* folgen, die Verbzweitstellung aber eingehalten werden muss. Insgesamt ergeben diese Beispielsätze noch einmal weitere drei Möglichkeiten unterschiedlicher Wortfolge und Akzentuierung.

Sprachwissenschaftler prüfen gern Grenzfälle, bei denen einem schwindlig werden kann. Nehmen wir den Satz: *Auch unsere Gruppe erreichte den Zug nicht.* Der Grammatiker Peter Eisenberg stellt ihn folgendermaßen um:[2]

> Unsere Gruppe erreichte auch den Zug nicht.
> Den Zug erreichte auch unsere Gruppe nicht.
> Unsere Gruppe erreichte den Zug auch nicht.
> Auch nicht unsere Gruppe erreichte den Zug.
> Nicht unsere Gruppe erreichte auch den Zug.

Die einfache Umstellung im deutschen Satz mit der Folge einer Hervorhebung einzelner Satzglieder wird in Teilen durch das deutsche Deklinationssystem erleichtert. Man kann als Regel formulieren, dass die Freiheit der Umstellungsmöglichkeit im Satz von der Ausgeprägtheit des Deklinationssystems abhängt. Das verdeutlicht uns Peter Eisenberg anhand des folgenden Beispielsatzes:[3]

> Dein Bruder glaubt dem Chef.

Subjekt *(dein Bruder)* und Objekt *(dem Chef)* können nun ganz einfach die Position tauschen und werden doch weiterhin mühelos als solche weiter verstanden:

> Dem Chef glaubt dein Bruder.

Genau das, so Eisenberg, kann man im Englischen mit seinem schwachen Deklinationssystem nicht machen: In dem Satz

> Your brother believes the boss

kann man Subjekt und Objekt eben nicht tauschen; es ergibt sich ein völlig anderer Sinn:

> The boss believes your brother (Der Chef glaubt deinem Bruder).

Man kann über das deutsche Flexionssystem klagen (und viele tun es, weil es Lernleistung erfordert), und gewiss hat es seine Tücken, aber es erleichtert andererseits in manchen Fällen die flexible Hervorhebung im Satz: ein Vorzug für Sprachproduktion und Kommunikation. Fügen wir aber sogleich auch einschränkend hinzu, dass das deutsche Deklinationssystem *nur in Teilen* zur Bestimmung unterschiedlicher Bezüge im Satz geeignet ist. Den Unterschied von Nominativ und Akkusativ erkennen wir zwar beim männlichen Substantiv *(wer? der Mann; wen? den Mann)*, nicht aber beim Femininum *(wer? die Frau; wen? die Frau)*. Es könnte also noch konsequenter und ausgeklügelter sein.

Fazit: Die vielen leichten Umstellungsmöglichkeiten verleihen dem deutschen Satz eine große Geschmeidigkeit. Mit einfachen Mitteln können wir eine Vielzahl von Bedeutungsvarianten erreichen.

Freundliche Umklammerung

Eine Besonderheit des deutschen Satzes ist neben der Zweitstellung des Verbs die sogenannte Verb- oder Satzklammer. Anders als in den meisten Sprachen kann sich das Prädikat im deutschen Satz aufteilen, wenn es selbst aus zwei Teilen besteht. In dem Satz *Ich* ***habe*** *ihr das Buch* ***gegeben*** werden Hilfsverb und Vollverb getrennt. Das Vollverb erscheint sogar erst ganz hinten. Wir müssen also die Leerstelle für das Vollverb bis zum Ende des Satzes im Kopf behalten, denn erst dann kommt es zum Zuge, ein wenig wie in der mathematischen Addition oder Subtraktion beim bekannten Merksatz »eins im Sinn«. Eine hohe Anforderung auch an Simultandolmetscher! Und als Gegenüber muss überdies der Hörer bis zum Ende des Satzes warten, bis er dessen Bedeutung vollständig erfassen kann.

In anderen europäischen Sprachen ist das durchaus anders. *Ich ihr **habe gegeben** das Buch* lautet die Wortfolge im französischen Satz *(je lui **ai donné** le livre), ihr ich **habe gegeben** das Buch* im italienischen *(le **ho dato** il libro)* – es bleiben also beide Bestandteile des Prädikats beieinander. Man könnte auch sagen: Das gedanklich Zusammengehörige steht in den Sätzen aus dem Französischen und Italienischen zusammen, während es im Deutschen auseinandergezogen wird. Zwischen dem ersten und dem zweiten Bestandteil des Prädikats eröffnet sich eine Art Mittelfeld, in welches die beiden Objekte (*ihr* und *das Buch*) eingeschoben werden.

Nun kann man der Meinung sein, dass es absurd sei, wenn man das für die Satzbedeutung so wichtige Prädikat mit der Folge teilt, dass der Hörer erst am Ende des Satzes die vollständige Bedeutung erfährt. Es hätte ja schließlich auch heißen können: »Ich habe ihr das Buch *weggenommen*« (statt *gegeben*). Und es hätte auch heißen können: »*nicht* gegeben«. Der Hörer muss also tatsächlich ... warten. Noch länger warten muss er, wenn das Mittelfeld zwischen der Klammer deutlich länger und komplexer ist, wie zum Beispiel in dem folgenden Satz:

> Ich **habe** das gestern im Bahnhofskiosk extra für Anna gekaufte Buch über berühmte Strafprozesse doch noch beim Einsteigen in den Zug in Richtung Frankfurt irgendwo auf dem Bahnsteig **verloren**.

Das Prädikat entscheidet über die Kernaussage des Satzes: Statt *habe verloren* hätte es auch *wiedergefunden* oder *jemandem geschenkt* heißen können, was den Sinn des Satzes völlig verändert hätte. Das aber erfahren wir erst nach einem langen Einschub, wobei wir schon bei der Erwähnung des Objekts *Buch* als Hörer beginnen, erste Hypothesen über die Satzaussage aufzustellen. Aber welche Hypothese nun stimmt, erfahren wir erst durch das Vollverb am Ende des Satzes. Was hier dem Sprecher bei der Sprachproduktion, aber auch dem Hörer beim Sprachverstehen abverlangt wird, ist anspruchsvoll.

Trennbare Verben – eine Zumutung?

Die Verb- oder Satzklammer kommt nicht nur bei den Hilfsverben (oder bei Modalverben wie *wollen, können, brauchen, sollen, müssen, dürfen*) ins Spiel, sondern auch bei den sogenannten trennbaren Verben. Es sind Verben mit einer abtrennbaren Vorsilbe wie ***an**nehmen* oder ***weg**nehmen*.

> Also: Sie **legte** den Orden, der ihr verliehen worden war, **an.**
> Oder: Sie **legte** den Orden, der ihr verliehen worden war, **ab.**

Erst am Ende der beiden Sätze (die wir spielend noch weiter in die Länge ziehen könnten) erfahren wir wieder ihre jeweils ganz unterschiedliche Bedeutung. Das kann auch durch Verneinung erfolgen:

> Sie legte den Orden, der ihr verliehen worden war, **nicht ab.**

Der amerikanische Schriftsteller Mark Twain, der der deutschen Sprache in Hassliebe verbunden war, parodierte diesen Satzcharakter folgendermaßen:

> Da die Koffer nun bereit waren, **reiste er**, nachdem er seine Mutter und seine Schwestern geküßt und noch einmal sein angebetetes Gretchen an seinen Busen gedrückt hatte, die, in schlichten weißen Musselin gekleidet, mit einer einzigen Teerose in den weiten Wellen ihres üppigen braunen Haares, kraftlos die Stufen herabgewankt war, noch bleich von der Angst und Aufregung des vergangenen Abends, doch voller Sehnsucht, ihren armen, schmerzenden Kopf noch einmal an die Brust dessen zu lehnen, den sie inniger liebte als ihr Leben, **ab**.[4]

Nur sei Mark Twain entgegnet, dass die deutsche Sprache uns beileibe nicht dazu *zwingt*, den Satz so zu formulieren, wie er es tat. Man könnte den ersten Hauptsatz mit der Verbklammer so formulieren: *Da die Koffer nun bereit waren, reiste er ab. Zuvor hatte er* … Andererseits ist Twains Satz grammatikalisch korrekt, so kann man es in der Tat in der deutschen Sprache theoretisch machen. Allerdings sollten wir angesichts dieser Verballhornung die berechtigte Frage stellen, ob die Verbklammer für den geistigen Aufwand, den sie uns im Falle komplexer Sätze abverlangt, auch eine Entschädigung bietet, die sie rechtfertigt.

Welche Art der Wahrnehmung erfordert die Verbklammer? Sie sorgt dafür, dass wir die von ihr eingeklammerten Informationen am Ende des Satzes *auf einen Blick*, in einer Gesamtschau, erfassen, weil wir sie nämlich *nur so erfassen können:* Vom Ende des Satzes, vom Vollverb her, rekonstruieren wir die Satzglieder in ihrer Beziehung zum Verb. Denn es kommt hinzu, dass das Verb der »Chef im Satz« ist. Das Verb *geben* zum Beispiel »regiert« drei Leerstellen: *Wer* gibt (Nominativ), *wem* hat er etwas gegeben (Dativ), und *was* hat er gegeben (Akkusativ), ein Subjekt und zwei Objekte. Vom am Ende des Satzes stehenden Vollverb aus werden diese Bezüge also nachvollzogen, und erst dann, wenn sie alle nachvollzogen und am Ende auf die Bedeutung des Verbs bezogen sind, ist die Bedeutung des Satzes vollständig erfasst. In dem Satz *Ich* ***habe*** *ihm das antiquarisch erworbene kostbare Buch erst nach langem Zögern und sorgfältigem Abwägen nur widerstrebend* ***gegeben*** können wir die vielen Informationen innerhalb der Klammer erst dann gedanklich richtig einordnen und sinnvoll verstehen, wenn das Vollverb im Partizip folgt.

Ähnlich wäre es bei einem trennbaren Verb, also zum Beispiel bei *abgeben.* Betrachten wir den Satz *Ich* ***gab*** *das antiquarisch erworbene kostbare Buch auch nach langem Zögern und sorgfältigem Abwägen zunächst* ***nicht ab***. Auch hier erschließt sich die Bedeutung des Satzes erst am Ende der Klammer. Was wir uns dadurch allerdings auch erarbeiten, ist ein *synthetisches* Verständnis des Satzes. Dieser *synthetische* Blick hat die Besonderheit, dass alle Abhängigkeitsverhältnisse des Satzes bewusst wahrgenommen werden müssen und man sich ihrer erinnern muss, weil die Informationen des Satzes nicht – wie in anderen Sprachen – Stück für Stück nacheinander abgearbeitet und möglicherweise wieder vergessen werden, sondern *en bloc* vom Ende her rückbezüglich gebündelt werden müssen. Das ist die schätzenswerte gedankliche Verarbeitungsleistung der Verbklammer – die denn auch unsere Anerkennung verdient hat. Es wird also durchaus eine Entschädigung für die aufgebrachte Gedächtnisleistung geboten.

Ein weiterer Vorzug der Satzklammer: Mit der Stellung des Vollverbs oder auch der Verbpartikel am Ende des Hauptsatzes ist unmissverständlich klar, dass genau hier etwas endet und nun ein Nebensatz folgen kann: *Sie legte den Orden, der ihr verliehen worden war,* ***ab, obwohl sie ihn verdient hatte.*** Damit ist eine gut verständliche Ordnung des Hauptsatzes und seines anschließenden Nachfeldes gegeben, im korrekten schriftlichen Sprachgebrauch noch unterstrichen durch das Komma vor dem Nebensatz.

Freilich besteht im Deutschen – räumen wir es ein – die Pflicht, ja gewissermaßen sogar der Zwang, seine Sätze auch zu Ende zu bringen, jedenfalls solange man korrekt sprechen und schreiben möchte. Dass damit Anforderungen an die Planung von Äußerungen verbunden sind, merken wir immer dann, wenn Zeitgenossen ihre Sätze nicht zu Ende bringen, vor allem, wenn sie das entscheidende Verb am Ende auslassen, weil sie den Anfang des Satzes schon wieder vergessen haben. Häufen sich solche Auslassungen, entsteht ein undurchdringliches Gestrüpp von ungeklärten Bezügen, ein echter sprachlicher Wirrwarr. Redner, die sich überschätzen und dadurch überfordern oder die nicht daran denken, dass sie zu einem Publikum sprechen, das ihre Gedanken nicht lesen kann, bestraft der deutsche Satzbau. Und das passiert nun doch recht häufig. Nicht zuletzt deswegen ist die Literatur reich an entsprechenden syntaktischen Unfällen.

Ein besonders haarsträubendes Beispiel sei hier zitiert. Der Humorist Loriot persifliert einen politischen Redner, der seine Sätze nicht zu Ende bringt – und das wohl auch gar nicht für nötig hält, weil seine Sprechblasen scheinbar alles sagen:

> »Meine Damen und Herren! Was kann als Grundsatz parlamentarischer Arbeit betrachtet werden? Politik im Sinne sozialer Verantwortung bedeutet, und davon sollte man ausgehen, das ist doch, ohne darum herum zu reden, in Anbetracht der Situation, in der wir uns befinden. Ich kann den Standpunkt meiner politischen Überzeugung in wenige Worte zusammenfassen: Erstens, das Selbstverständnis unter der Voraussetzung. Zweitens, und das ist es, was wir unseren Wählern schuldig sind. Drittens, die konzentrierte Beinhaltung als Kernstück eines zukunftweisenden Parteiprogramms. Wer hat denn, und das sollte man vor diesem hohen Hause einmal unmissverständlich aussprechen! (...)«

Es ist gedanklich-sprachliche Disziplin vonnöten, wenn der deutsche Satzbau regelgerecht angewandt werden soll. Doch zum Trost: Wenn er der Gefühlsentfaltung des Redners im Wege steht, kann man im Deutschen auch in Bruchstücken reden.[5]

Warum immer nur Hauptsätze? Lob des Satzgefüges

»Hauptsätze, Hauptsätze, Hauptsätze!«, lautet die Devise des wirkungsvollen Schreibens. »In Hauptsätzen schuf Gott Himmel und Erde«, mahnt der große Lehrer verständlichen journalistischen Schreibens, Wolf Schneider. Nicht mehr als zwölf Silben solle ein Satz enthalten, weil ansonsten unser Kurzzeitgedächtnis versage. Der unterschätzte Hauptsatz solle unsere erste Wahl sein, mit Nebensätzen richteten wir Unheil an.[6]

Aber gibt es nicht doch einiges, was uns der Nebensatz und mit ihm der komplexe Satz zu bieten hätten? Sollen wir wirklich komplexe Satzgefüge mit untergeordneten Nebensätzen vermeiden und Aneinanderreihungen von Hauptsätzen bevorzugen? Schauen wir einmal näher hin, was Hauptsatzfolgen und Satzgefüge leisten können. Wenn man das Satzgefüge

> Sie gab den Orden zurück, obwohl sie ihn verdient hatte

umstellen will, kann man zwar die beiden Sätze auch als gleichberechtigte Hauptsätze nebeneinanderstellen; dann ist allerdings die Abfolge zu ändern, sofern wir den ursprünglichen Sinn beibehalten wollen. Denn wenn man die Abfolge des Satzgefüges bei der Umformung zu zwei Hauptsätzen beibehielte, ergäbe sich ein anderer Sinn:

> Sie gab den Orden zurück. Trotzdem hatte sie ihn verdient.

Hier klingt es so, als habe es Zweifel daran gegeben, dass der Orden ihr zustand, und als habe dies zur Rückgabe geführt. Um die ursprüngliche Bedeutung zu wahren, müssen wir die Abfolge der Hauptsätze umdrehen:

> Sie hatte den Orden verdient. Trotzdem gab sie ihn zurück.

Das aber verändert wiederum die Akzentuierung des Inhalts. In dem obigen Nebensatzgefüge steht hingegen das wichtigste Faktum der Rückgabe des Ordens im Vordergrund, und der Nebensatz rückt den unzureichenden Gegengrund *(sie hatte den Orden verdient)* in den Hintergrund. Das ist die Funktion des Nebensatzes in Bezug zum Hauptsatz: eine Differenzierung der Wichtigkeit der genannten Fakten, Umstände und Ursachen. Auf diese Weise entsteht eine feine Gewichtung der vordringlichen Tatsache im Hauptsatz und ihrer logischen Einordnung im Nebensatz. Das Satzgefüge hat seine eigene Berechtigung.

Im deutschen Nebensatz steht das Prädikat am Ende:

> Die Wasserrohre sind geplatzt, weil es heute Nacht gefroren hat.

Nun kann man freilich mit Fug und Recht einwenden, dass die Endstellung des gesamten Prädikats im Nebensatz längst nicht mehr die reine Lehre ist. Und in der Tat würde es uns kaum auffallen, wenn uns der Hausmeister in einem Gespräch sagen würde:

> Die Wasserrohre sind geplatzt, weil es **hat heute Nacht gefroren**.

In diesem Beispiel wird der Nebensatz wie ein Hauptsatz gestellt, obwohl er durch die unterordnende Konjunktion *weil* eingeleitet wird, die eigentlich einen Nebensatz mit Inversion erfordert. Wir kennen solche Beispiele zuhauf aus dem mündlichen Sprachgebrauch, und so mancher Zeitgenosse regt sich darüber auf. Es stellt sich aber die Frage: Bedeuten die beiden Sätze eigentlich das Gleiche? Oder gibt es Bedeutungsunterschiede, die es vielleicht erklären, womöglich sogar rechtfertigen, dass es derzeit zwei mögliche Verwendungen von *weil* gibt?

Die Antwort lautet: Die beiden Verwendungsformen von *weil* verleihen den Sätzen durchaus eine unterschiedliche Nebenbedeutung. Den zweiten Satz mit der grammatikalisch auffälligen Teilung des Prädikats in der Art eines Hauptsatzes könnte man nämlich auch so schreiben, dass man hinter der Konjunktion *weil* ein Komma und damit eine Sprechpause einfügt:

> Die Wasserrohre sind geplatzt, weil, es hat heute Nacht gefroren.

Denn dadurch, dass der eigentliche Nebensatz wie ein Hauptsatz angeordnet ist, ergibt sich eine fast unmerkliche Pause. Man kann ihr die Funktion zuschreiben, dass sie die gleichgeordnete Wichtigkeit des untergegangenen Nebensatzes betont. Damit aber rückt dieses besondere *weil* in die Rolle dessen, was wir gewöhnlich mit der Konjunktion *denn* ausdrücken:

> Die Wasserrohre sind geplatzt, denn es hat heute Nacht gefroren.

Dass das neuartige *weil* ein anderes *weil* als die unterordnende »alte« Konjunktion *weil* ist, sieht man auch daran, dass es in der alten Verwendung in unserem Beispielsatz unlogisch gebraucht würde:

> Es hat heute Nacht gefroren, weil die Wasserrohre geplatzt sind.[7]

Weil ohne Inversion ähnelt also *denn*. Im Unterschied zu *weil* leitet *denn* gewöhnlich einen *offensichtlichen* Grund ein. Was wir mit *denn* begründen, setzen wir als bekannt voraus. In dem Beispielsatz mit *denn* deuten wir unsere Vermutung an, dass unser Gesprächspartner bereits weiß, dass es heute Nacht gefroren hat. In dem herkömmlich korrekten Nebensatz mit *weil* setzen wir das hingegen nicht voraus. Die Konjunktion *weil* leitet üblicherweise einen reinen Sachgrund ohne kommunikative Zusatzbedeutung ein. In der neuartigen mündlichen Verwendung aber rückt *weil* in die Rolle von *denn* vor.

Ist das ein Nachteil? Untergräbt es die Verbendstellung der untergeordneten Nebensätze? Das ist schwer zu beurteilen. Noch jedenfalls gilt, dass *weil* in der formalen schriftlichen Kommunikation mit Inversion zu gebrauchen ist. Dies gilt übrigens auch für zwei weitere Konjunktionen, die im mündlichen Sprachgebrauch und im informellen Schriftsprachgebrauch derzeit denselben Weg wie *weil* nehmen, *obwohl* und *außer dass*.

Doch kehren wir zur Norm der deutschen Hochsprache zurück, bei der die vollständige Verbendstellung am Ende des untergeordneten Nebensatzes gilt. Denn sie sorgt auch für Spott. Bekannt ist die folgende Verballhornung:

> Derjenige, der den Mann, der den Pfahl, der auf der Brücke, die auf dem Weg, der nach Worms führt, liegt, steht, umgeworfen hat, anzeigt, bekommt eine Belohnung.

Das Satzungetüm wartet mit fünf jeweils einander untergeordneten Nebensätzen auf, deren Verben gegen Ende gereiht werden. Es handelt sich um eine künstliche Komplexität, eben um eine Persiflage. Formen wir das Ungetüm zu einem verständlichen Satz um:

> Wer den Mann anzeigt, der den Pfahl auf der Brücke nach Worms umgeworfen hat, bekommt eine Belohnung.

Die Komplexität lässt sich verringern, ohne gleich das Satzgefüge aufzugeben. Aber Satzgefüge, das macht das groteske Beispiel deutlich, müssen ihre Komplexität auch der gedanklichen Komplexität anpassen. Sie dürfen nicht künstlich komplex sein. Sie haben in der Art, wie sie Abhängigkeit strukturieren können, auch ihren Sinn, wie am Beispiel der Ordensrückgabe zu sehen war.

Man kann den deutschen Nebensatz mit seiner Verbendstellung persiflieren. Man kann ihn aber auch zur raffinierten Darstellung von Bezügen unterschiedlichster Art einsetzen. Er macht beides möglich, Missbrauch und Meisterschaft. Schauen wir uns einmal an, wie meisterhaft gestaltete Satzgefüge gebaut sind.

> Indem ich die Feder ergreife, um in völliger Muße und Zurückgezogenheit – gesund übrigens, wenn auch müde, sehr müde (so daß ich wohl nur in kleinen Etappen und unter häufigem Ausruhen werde vorwärtsschreiten können), indem ich mich also anschicke, meine Geständnisse in der sauberen und gefälligen Handschrift, die mir eigen ist, dem geduldigen Papier anzuvertrauen, beschleicht mich das flüchtige Bedenken, ob ich diesem geistigen Unternehmen nach Vorbildung und Schule denn auch gewachsen bin.

Romananfänge sind prägend für das, was folgen wird: Gestimmtheit, Stilebene, Einführung der handelnden Person, Leserbindung – auf den Anfang kommt es an. Die zitierte Textstelle ist der Anfang des berühmten Romans »Bekenntnisse des Hochstaplers Felix Krull« von Thomas Mann. Die Passage beginnt nicht mit einem Hauptsatz, wie man erwarten könnte, sondern mit einem Nebensatz, noch dazu mit einem der eher seltenen Art, einem Modal- oder Instrumentalsatz mit *indem,* dessen Eigenschaft es normalerweise ist, das Mittel zu beschreiben, mit dem ein Ziel im Hauptsatz erreicht wird. Hier aber wird *indem* eher in einer zeitlichen Bedeutung verwendet, der Gleichzeitigkeit: *Im selben Augenblick,* in dem der Erzähler zur Feder greift, beschleicht ihn das Bedenken, über welches er sich dennoch hinwegsetzt.

Doch bevor wir die zentrale Satzaussage erfahren – die des Bedenkens –, schiebt sich ein zweiter, dem ersten untergeordneter Nebensatz ein, ein Finalsatz mit *um zu.* Er beschreibt, was das Ziel der Handlung des ersten Nebensatzes ist (die Geständnisse aufzuschreiben). Auch dieser zweite Nebensatz wird aber unterbrochen durch einen Einschub *(müde, sehr müde),* dem nun wiederum ein Konsekutivsatz untergeordnet wird *(so daß ich wohl nur in kleinen Etappen ...).* Dem ersten Nebensatz, der ja selbst einem erst am Ende folgenden Hauptsatz untergeordnet ist, folgen drei einander untergeordnete Nebensätze beziehungsweise ein Einschub.

Aber nicht genug. Denn es folgt darauf nicht etwa endlich der Hauptsatz, sondern der Erzähler bricht ab und nimmt den ersten Nebensatz mit *indem* wieder auf *(indem ich mich also anschicke);* nicht aber, um nun endlich mitzuteilen, worauf sich seine ganzen Reserven beziehen, sondern um wieder nicht direkt zur Sache zu kommen. Denn noch folgen zwei untergeordnete Nebensätze, bis endlich das Prädikat des Hauptsatzes erscheint und wir erfahren, dass den Erzähler bei seinem Vorhaben ein Bedenken beschleicht.

Der Weg, der uns zur zentralen Aussage führt, verlangt uns einiges ab. Was aber verrät uns die Form der immer wieder einander untergeordneten Nebensätze? Einerseits die scheinbare Zögerlichkeit, andererseits die Koketterie und Selbstverliebtheit, mit welcher der Erzähler den Leser künstlich hinhält, bis er endlich verrät, worum es im Kern geht: um den vorgetäuschten Zweifel an der Befähigung, Geständnisse abzulegen. Die Mokanterie, die aus diesem Satzgefüge spricht, beruht auf dem Kontrast des kunstvoll gebauten Gefüges mit der scheinheiligen Frage des Erzählers, ob er seinem Vorhaben wegen vorgeblich mangelhafter Bildung womöglich nicht gewachsen sei. »Ausgerechnet!«, mag man als Leser denken: Wer auf solch kunstvolle

Weise seine Sätze baut und zugleich Zweifel an seiner Sprachbeherrschung vorgibt, dem fehlt es wohl kaum an Bildung – sondern eher an Charakter. Und so ist in dem Satzgefüge mit seinen vielen Unterordnungen gleich zu Beginn des Romans die unernste, leicht schlüpfrige, kaum von Skrupeln geplagte Persönlichkeit des Erzählers, eines Hochstaplers, eingefangen.

Satzgefüge müssen aber nicht aufschiebend, zögerlich wirken, sondern können auch Vehemenz, ja Furor transportieren wie zum Beispiel die folgende Passage des kleinen Oskar aus der »Blechtrommel« von Günter Grass:

> Um nicht mit einer Kasse klappern zu müssen, hielt ich mich an die Trommel und wuchs seit meinem dritten Lebensjahr keinen Fingerbreit mehr, blieb der Dreijährige, aber auch Dreimalkluge, den die Erwachsenen alle überragten, der den Erwachsenen so überlegen sein sollte, der seinen Schatten nicht mit ihrem Schatten messen wollte, der innerlich und äußerlich vollkommen fertig war, während jene noch bis ins Greisenalter von Entwicklung faseln mußten, der sich bestätigen ließ, was jene mühsam genug und oftmals unter Schmerzen in Erfahrung brachten, der es nicht nötig hatte, von Jahr zu Jahr größere Schuhe und Hosen zu tragen, nur um beweisen zu können, daß etwas im Wachsen sei.

Die rasch aufeinanderfolgenden nebengeordneten Relativsätze vermitteln hier den Eindruck, der Erzähler rede sich in Rage.

Den Reiz der Kombination eines Satzgefüges mit der Verbklammer, die von trennbaren Verben herrührt, zeigt uns Mario Wandruszka am Beispiel von Thomas Manns »Buddenbrooks«:

> Die beiden Fenster standen offen, und vom Garten her, wo eine milde Sonne die ersten Knospen beschien, und wo ein paar kleine Vogelstimmen einander kecke Antworten gaben, **wehte** voll frischer und zarter Würze die Frühlingsluft **herein** und **trieb** dann und wann sacht und geräuschlos die Gardinen ein wenig **empor**.

Eine Reihe von Hauptsätzen würde diese schöne Gesamtschau atomisieren. Das Satzgefüge hat seine eigene Funktion und Verwendung und ist nicht schlicht durch Hauptsätze zu ersetzen.

Die Nominalgruppe – fast beliebig erweiterbar

Da von komplexen Sätzen die Rede ist: Die Komplexität einer Aussage kann im Deutschen nicht nur durch ein Satzgefüge, also die Unterordnung von Nebensätzen zum Hauptsatz, dargestellt werden, sondern auch durch die Erweiterung von Nomina zu einer Nominalgruppe. Dies ist im Deutschen besonders einfach: Nehmen wir *die Forscherin*, so können wir sie spielend weiter bestimmen: *die weltbekannte, fachlich überaus versierte und hochdekorierte Forscherin.* Wir können also zunächst bestimmende Elemente nennen (die Attribute), bevor wir das zu bestimmende Element (das Nomen) erwähnen, das dann der ganzen Nominalgruppe erst die vollständige und entscheidende Bedeutung verleiht – übrigens wieder alles auf einen Blick, also synthetisch. Auch hier ist ein Aufschub eingebaut, der uns zu einer geistigen Leistung, einer Gedächtnisleistung, zwingt.

Andererseits ist es durch die sogenannte Linkserweiterung möglich, das Nomen sehr genau zu bestimmen. Das könnte man zwar auch durch einen Relativsatz tun *(die Forscherin, die weltbekannt, fachlich versiert und hochdekoriert ist)*, aber kürzer und kompakter ist die nach links erweiterte Nominalgruppe. Auch die Hervorhebung der Bekanntheit und Versiertheit der Forscherin durch die vorangestellten Attribute ist im Relativsatz nicht gegeben, denn er rückt diese Eigenschaften in den Hintergrund. Kommunikativ leistet die Linkserweiterung der Nominalgruppe also etwas Besonderes.

Praktisch an dieser Gruppe ist aber nicht nur die Ausbaufähigkeit nach links, sondern auch die Möglichkeit, sie nun noch *nach rechts* zu erweitern: *die weltbekannte, fachlich überaus versierte und hochdekorierte Forscherin* ***mit großen Ambitionen in der Wissenschaftspolitik***. Auf diese Weise lassen sich Relativsätze einsparen, wodurch ein Satzgefüge zu einem Hauptsatz verdichtet werden kann. Außerdem besteht hier eine weitere Möglichkeit, die kommunikative Gewichtung im Satz entsprechend der Mitteilungsabsicht flexibel zu gestalten.

Das kann Segen und Fluch sein: Segen für diejenigen, die komplexe Aussagen so knapp wie möglich darstellen wollen, Fluch aber gegebenenfalls auch für jene, die sich die Aussage in ihrem ganzen Gehalt erschließen müssen, was gerade in Verwaltungstexten zuweilen eine Qual sein kann. Aber auch hier gilt: Die Links- und Rechtserweiterung der

Nominalgruppe ist eine *Möglichkeit* und kein Zwang. Sie kann helfen, ein Satzgefüge durch Verdichtung von Nebensätzen zu satzwertigen Konstruktionen zu vereinfachen, ohne die inhaltliche Komplexität der Aussage zu opfern. Gerade in den Fachsprachen kann das von großem Nutzen sein.

Fazit: Der Satzbau im Deutschen ermöglicht auf einfache Weise durch Betonung und Umstellungen einen großen Nuancenreichtum; die Verbklammer begünstigt den synthetischen Blick auf die vom Verb ausgehenden Bezüge; die Verbendstellung im Nebensatz ordnet das Satzgefüge auf transparente Weise; die Erweiterbarkeit der Nominalgruppe nach beiden Seiten erleichtert die Verdichtung und Ersparnis von Nebensätzen unter beibehaltener Komplexität der Aussage. Oder einfacher: Der deutsche Satz ist elastisch und gelenkig und damit eine große Hilfe bei der Strukturierung unserer Gedanken und Empfindungen wie auch bei deren Mitteilung an andere.

Vierter Vorzug: schnell und kurz, wenn es sein muss

A: Das geht gar nicht. – B: Dein Ernst? – A: Aber so was von! – B: Echt jetzt? – A: Aber hallo!

Deutscher Campus-Dialog

Das Deutsche kann schnell und kurz sein, ganz im Gegensatz zu dem verbreiteten und stets gepflegten Vorurteil, Deutsch könne man nur in ellenlangen Sätzen äußern, es verführe, ja zwinge geradezu zu Längen.

Ein Witz geht so: Ein Engländer, ein Franzose und ein Deutscher vereinbaren miteinander, dass jeder von ihnen eine Abhandlung über das Kamel schreibt. Nach wenigen Wochen erscheint in London ein allgemeinverständlicher knapper Fachartikel mit dem Titel »Camel Hunting«. Drei Monate später wird in Paris ein eleganter Essay mit dem Titel »L'amour et le chameau« veröffentlicht. Erst nach drei weiteren Jahren erscheint in Berlin ein voluminöses Kompendium mit dem Titel »Prolegomena zu einer Einführung in die Phänomenologie des Kamels«.

Aber ist das Deutsche tatsächlich nicht zu Kürze und Knappheit imstande?

Vergleichen wir einmal: *University of Applied Sciences* mit *Fachhochschule* oder gar *FH.* Oder *School of Management and Finance* mit *Bankakademie.* An der mangelnden Kürze des Deutschen können diese Namensänderungen vom Deutschen ins Englische nicht gelegen haben. Nein, die Länge des Deutschen, auf die der oben erzählte Witz anspielt, ist keine Grundeigenschaft der deutschen Sprache als System, sondern eine stilistische Eigenheit des deutschen Wissenschaftsjargons, der über Jahrhunderte nicht gerade dem Dienst der Verständlichkeit huldigte. Der große Journalistenlehrer Wolf Schneider hat in einem deutsch-englischen Sprachvergleich – keineswegs mit der Absicht, das Englische herabzusetzen – kurze deutsche und entsprechende längere englische Wörter gesammelt und einander gegenübergestellt. Er wurde in vielen Fällen fündig, etwa bei *Umweltschutz* vs. *environmental protection* oder bei *vorgestern* vs. *the day before yesterday.*

Nein, Kürze und Länge sind »Stilzüge« der deutschen Sprache, die je nach Situation ihren Sinn, ihre Berechtigung haben, nicht aber Eigenschaften des Sprach*systems* und schon gar kein Zwang, dem der Sprecher des Deutschen ausgesetzt wäre. Zu den Stilzügen, also dem, was wir aus dem System des Deutschen im konkreten Sprachgebrauch verwenden können, gehört neben der Kürze zum Beispiel die Feierlichkeit, die anlassbezogen eine getragene Weitschweifigkeit zulässt.

Doch betrachten wir einmal den tiefgreifenden technischen Wandel unserer Zeit und fragen wir danach, wie die allgemeinen gesellschaftlichen Beschleunigungstendenzen auf die deutsche Sprache einwirken und ob die Sprache ihrerseits zu neuen Formen der Schnelligkeit und Kürze in der Lage ist.

Schneller, kürzer, lässiger

Wir sind Zeugen rasanter technischer und kultureller Veränderungen. Sie ermöglichen massenhafte Direktkommunikation weltweit. Früher benötigten die Kommunikationswege eine lange Zeit. Die Beschleunigung ist ein Kennzeichen unserer Zeit. Kommunikative Akte im Internet müssen schnell, ja oft unmittelbar erfolgen. Es wird erwartet, dass wir auf E-Mails, SMS, Facebook-Postings, WhatsApp-Nachrichten nicht erst Tage später, sondern schnellstmöglich reagieren. Erwartet werden dabei kurze Texte oder Textbruchstücke, keine langen Ausführungen.

Wir durchleben eine mediale Revolution: die zunehmende Löchrigkeit der uralten Grenze zwischen Mündlichkeit und Schriftlichkeit. »Die Bindung an die Schriftlichkeit wird loser«, so der Linguist Helmuth Feilke.[1] Das zeigt sich an der Entwicklung des Schriftsprachgebrauchs im Deutschen.

Das Schreiben ist gewöhnlich ein Prozess der Verlangsamung: Wenn wir schreiben, denken wir meist nach, wie wir die Dinge formulieren, und achten darauf, dass unser Text korrekt ist. Die Norm der Schriftsprache, so wie wir sie in der Schule lernten, schreibt vor: Worte werden sorgfältiger gewählt als beim Sprechen; vollständige Sätze sind die Regel; die Zeiten müssen korrekt verwendet werden. Das Schreiben, selbst in privaten, persönlichen Zusammenhängen, war über Jahrhunderte formell. Einander schreiben und miteinander sprechen sind durchaus verschiedene Handlungen: Im Schreiben fehlen Mimik, Gestik und Intonation. Deshalb hat es normalerweise Elemente der Ausführlichkeit. Das aber verändert sich gerade: In den sozialen Medien wird zunehmend im Stil mündlicher Kommunikation geschrieben. Man will Spontaneität zeigen und meidet Ausführlichkeit. Sie gilt als unpassend. Wegen der Stakkato-Abfolge schriftlicher Dialoge dringen Besonderheiten des Mündlichen ins Schriftliche vor. Und das heißt: Schriftliche Kommunikation im Internet wird mündlicher, informeller.

Es verbreiten sich vor allem verkürzte, unvollständige Formen: Man lässt einfach alles weg, was nicht unbedingt zur Verständlichkeit gebraucht wird. Die Linguistinnen Christa Dürscheid und Karina Frick haben hervorstechende neue Schriftformen zusammengestellt:[2]

- Komplizierte Grußformeln entfallen. In E-Mails macht sich derzeit auch in beruflichen Kontexten die Anrede *Hallo* oder *Liebe alle* breit.

- Abkürzungen, häufig aus dem Englischen, sind beliebt, wir kennen sie teils auch aus der Werbung: *2go, 2C, lol* (für *laughing out loud*).

- Wörter werden oft rein phonetisch geschrieben, das geht schneller und wirkt lässiger: *ma* für *mal, nochn* für *noch ein, nich* für *nicht, is* für *ist.*

- Pronomen kann man weglassen: *Komme gleich, war cool, kann schnell gehen, bin krank.*

- *Iwi* heißt in der WhatsApp-Sprache *irgendwie, eig.* heißt *eigentlich.*

Weitere verbreitete Kurzformen:

- *is* hat sich inzwischen weiterentwickelt zur Bestätigungsformel *isso.*

- *Lassma* anstatt *lass uns mal:* »Lassma reden«.

Die Großschreibung unterbleibt häufig, denn es muss schnell agiert und reagiert werden. Eine für die Schriftsprache ansonsten gültige Sprachnorm zählt hier nicht. Wenn man sie trotzdem einhalten würde, wirkte das unangemessen, fast schon pedantisch.

Ist das Sprachverfall?

Man kann das als Sprachverfall ansehen. Es ist aber eher zu einer entspannten Haltung zu raten. Entscheidend ist doch, dass die zeitgeistigen Kurzformen durchaus in der deutschen Sprache möglich sind, und dass dadurch die deutsche Sprache einem verbreiteten Kommunikationsbedürfnis entgegenkommt. Die wichtige Erkenntnis lautet: Das Deutsche kann schnell und kurz sein, ja, es ist sogar zu einem echten »Hochgeschwindigkeitsdeutsch« in der Lage. Das ist gewiss kein Bildungsdeutsch, beansprucht dies aber auch nicht. Verschiedene Sprachschichten, auch populäre und jugendsprachliche, sind in jeder Sprachgemeinschaft normal und funktional berechtigt. Schließlich muss jede Sprache die vielfältigen Kommunikationsbedürfnisse der Sprachgemeinschaft zum Ausdruck bringen können, und das sind nicht nur bildungssprachliche. In unseren Sprachen müssen wir denken, lieben, fluchen und spotten können.

Allerdings muss man die sprachökonomischen Kurzformen des Hochgeschwindigkeitsdeutsch auch nicht zur neuen Norm hochstilisieren – eben gerade nicht, denn das beanspruchen sie mitnichten. Wichtig ist freilich, dass die jeweils angemessene Stilschicht erkannt und verwendet wird. Aber die mündlich geprägten Kurzformen gehören zur deutschen Sprache. Sie bezeugen die Wendigkeit des Deutschen und seine Fähigkeit zur Kürze.

Megakrass und andere Worterfindungen

Eine knappe Sprache für den schnellen Gebrauch zeigt sich auch in weiteren neuen Kurzformen, die mündlich wie schriftlich verwendet werden und sich rasch verbreitet haben. Betrachten wir einmal eine kleine Auswahl aus dem Hochgeschwindigkeitsdeutsch der jungen Generation:

Eine verbreitete Steigerungspartikel ist zum Beispiel *mega.* Sie wird gefolgt von *mega nice;* weitere Steigerungsformen sind *voll nice* (schon etwas älter) und *obernice* oder auch *saunice. Voll* ist nach wie vor angesagt, aber in immer wieder neuen Kombinationen: *voll stylisch, voll fancy, voll gediegen.* Was nicht *voll gediegen* ist, ist dann aber auch *voll die Seuche.* Wenn *voll nice* getoppt werden soll, kann ein deftiger Kommentar auch *nicer Scheiß* lauten. Der Superlativ *übelst* mausert sich unterdessen zu *übelst geil* oder *übelst krass.* Auch *megakrass* ist ein populärer Superlativ.

Satzfragmente, die aber gedanklich leicht zu ergänzen sind, dienen zum Beispiel der schnellen Ratgebung: *besser isses.* Hier wird ein ganzer Nebensatz gespart: *Wenn du lässt, was du vorhast,* ist es besser für dich. Stark verkürzt kann dann die Antwort ausfallen: *Als ob, Mann!* Auch hier wird ein ganzer Satz gespart: *Als ob ich so etwas tun würde!* Woraufhin die kategorische Antwort kurz und bündig lauten kann: *Auf keinen!*

Neue, kurze Frageformen rhythmisieren den mündlichen wie schriftlichen Dialog im Stakkato. Es handelt sich dabei nicht um rein sachbezogene Frageformen, sondern um emotionale Fragen, die oft von einer gehörigen Portion Erstaunen, Unglaube oder auch Empörung begleitet sind: *Wie jetzt?* ist zugleich Frage, wie denn etwas gemeint ist, was unverständlich ist, oder wie etwas funktionieren soll, das so nicht funktionieren kann, dem Sinne nach: *Kann ja wohl nicht stimmen.* Bei *wie jetzt?* wird in mündlicher Kommunikation die Stirn in Falten gelegt und werden die Augenbrauen tadelnd hochgezogen. Groß ist das zweifelnde Erstaunen auch bei *echt jetzt?.* Wenn man aber schon am Verstand des Gesprächspartners zweifelt, greift man besser zur Frage *Geht's noch?*.

Eine Wortschöpfung jüngeren Datums ist auch diese Frage nach dem Wohlbefinden: *Geht's Ihnen gut?* Früher fragte man entscheidungsoffen: »Wie geht es Ihnen?«, oder höflicher: »Darf ich fragen, wie es Ihnen geht?« Mit der Suggestivfrage *Geht's Ihnen gut?* wird gleich die erwartete positive Antwort vorweggenommen. Eine schlagfertige Erwiderung lautet: *Gestern ging's noch.* Die Frage *Geht's Ihnen schlecht?* war bis dato nicht zu hören.

Das geht gar nicht!

Auch kurze, oft ironische Kommentare wurden in großer Zahl neu entwickelt. Kein Wunder, denn es geht ja beim spontanen, schnellen und direkten Kommentieren oft darum, emotionale Reaktionen auszudrücken.

Wird man um eine kleine Gefälligkeit gebeten, so signalisiert man seine Hilfsbereitschaft durch die lässig dahingeworfene Antwort: *Kein Ding!* Schlechter ist es freilich, wenn auf eine Informationsfrage mit *kein Plan!* geantwortet wird. Allerdings ist der Kommentar kurioserweise nicht etwa als entschuldigendes Eingeständnis eigener Planlosigkeit gemeint. *Kein Plan!* drückt im Gegenteil die selbstbewusst vorgebrachte Berechtigung aus, etwas nicht zu wissen, und richtet sich daher indirekt gegen den Fragenden selbst mit dem Subtext: Warum hat er überhaupt etwas gefragt, das man nicht wissen muss?

Noch ausgeprägter ist diese Haltung bei *Keine Ahnung!*, das selbstbewusst, keineswegs entschuldigend vorgebracht wird. *Keine Ahnung* findet sich übrigens zunehmend auch als Zögerungsmerkmal (wie etwa *ehem, äh*) inmitten einer Äußerung: »Da hat er mir, *keine Ahnung*, zehn oder zwanzig Mal dasselbe erzählt.« Auch *keine Ahnung* ist nicht etwa entschuldigend, gewissermaßen um Verständnis heischend, gemeint, sondern in dem Sinne, dass eine Ahnung hier billigerweise gar nicht erwartet werden kann.

Verbreitet hat sich auch der empörte Kommentar: *Das geht gar nicht!* Originell ist die Steigerungsformel: *Das geht so was von gar nicht!* Inzwischen genügt eine Kurzform dieses Superlativs: *Aber so was von!* Möglich sind auch zwei jüngere Konstruktionen mit dem Verb *glauben: Ich glaub's nicht*, vehementer ist allerdings*: Das glaub ich jetzt nicht!* Wenn man die Unglaublichkeit des Vorkommnisses zum Kern der Aussage machen will, bietet sich auch ein vehement vorgebrachtes *dein Ernst!* an, worauf der andere wiederum bestätigend mit einem kräftigen *Aber hallo!* antworten kann.

Bei so viel Vehemenz sind zur Ausbalancierung des Gefühlshaushaltes Formeln der Beschwichtigung gefragt. Zu fast jeder Gelegenheit bietet sich ein lang gezogenes, eher deutsch intoniertes *okee, okee* an. Als Fragepronomen *okee?* ist es als nachdenkliche, leicht skeptische und daher entdramatisierende Frage gemeint, die sogar bei schwerwiegenden Vorkommnissen gestellt werden kann, was bei Älteren auch zur Befremdung führt, so als handelte es sich um mangelnde Empathie – was aber keineswegs der Fall ist. *Okee?* ist eher ein Fragepronomen der Verzögerung und Entschleunigung. Wer es auf Deutsch haben möchte, kann auf *Alles gut!* zurückgreifen, eine perfekte Beschwichtigungsformel, ähnlich wie das früher so beliebte staatsmännische *Alles klar!*.

Zu den neuartigen Formen für den mündlichen, aber auch schriftlichen Gebrauch gehört eine interessante Form des Satzbaus. Einmal berichtete ich einer jungen Frau von einer neuen Projektidee. Sie antwortete: »Das ist super die gute Idee!« Als ich einmal mit einem jungen Mann versehentlich falsch fuhr, kommentierte er das mit den Worten: »Das ist voll der nervige Umweg!« Und beim Gespräch über die Weihnachtspost hörte ich eine junge Frau sagen: »Ich habe voll den netten Brief bekommen.« Die Wortstellung ist anders, als wir es gewohnt sind. Der Ausruf »Das ist super die gute Idee!« hätte eigentlich lauten müssen: »Das ist eine supergute Idee!« Ebenso hätte »Das ist voll der nervige Umweg!« lauten müssen: »Das ist ein voll nerviger Umweg.« Geschieht hier Ungewöhnliches im deutschen Satz?

Die Antwort ist Nein. Der Germanist Helmut Glück weist dankenswerterweise darauf hin, dass die Konstruktion mit einem Adverb wie *tatsächlich* unauffällig wäre. Es ist die Verwendung der Partikeln *voll* oder *super*, die die beiden Sätze ungewohnt klingen lassen, aber der Satzbau ist alt. Auffällig ist vielleicht noch die Verwendung des bestimmten Artikels: Es heißt nicht, wie man hätte erwarten können, ***ein** nerviger Umweg* (also: *Das ist voll **ein** nerviger Umweg*), sondern es folgt der bestimmte Artikel: *voll **der** nervige Umweg*. Ein bisher gängiges Satzbaumuster wäre gewesen: *Der Umweg ist voll nervig*. Aber *voll **der** nervige*

Umweg ist ungewöhnlich. Ich führe dieses Muster auf den Bedarf an Expressivität zurück. Gleich zwei Hervorhebungen, *das ist* und *voll der nervige Umweg*, haben einen starken rhetorischen Effekt. Und darum geht es hier.

Zu neuen Formen eines spontanen Geschwindigkeitsdeutsch zählt schließlich auch dieser Ausruf in Form einer rhetorischen Frage: *Wie blöd ist das denn?* Früher hätte man muffig und schlecht gelaunt gesagt: *Das ist aber blöd!* Doch durch die suggestive Frageform mit dem verstärkenden *denn* am Ende und mit der typisch anschwellenden Intonation einer Frage wirkt der Ausruf deutlich stärker, ja munterer. Man kann ihn auch kombinieren. Nehmen wir das vorherige Beispiel: *Das ist voll der nervige Umweg.* Und nun: *Ja, wie blöd ist das denn?*

Man hört den Ausruf aber auch in positiver Bedeutung. *Wie süß ist das denn?*, freute sich eine junge Frau , als sie eine schöne Karte bekam. Und an den Weihnachtstagen, wenn es köstliche Speisen gibt, hört man schon einmal den Nachwuchs schwärmen: *Wie lecker ist das denn?*

Ein echtes Plus

Wenn es um Kürze geht, ist die deutsche Sprachgemeinschaft also durchaus erfinderisch. Das zeigt sich auch an einer neuen Konjunktion: *plus.* Immer häufiger sind gerade von jungen Leuten Sätze wie dieser zu hören: »Er hat an zwei Tagen seine Seminararbeit geschrieben, *plus* er hat auch noch die ganze WG aufgeräumt.« *Plus* verwenden wir im Deutschen bisher als Substantiv in der Bedeutung eines

Vorzugs *(ein Plus)*, als mathematisches Symbol *(1 plus 1)* und als Bindeglied zwischen Substantiven *(Nehmen Sie bitte den Rechner plus die Tasche mit)*, nicht aber als Bindeglied zwischen Sätzen. In dem oben zitierten Beispiel aber wird *plus* als Konjunktion gebraucht, die zwei Hauptsätze verbindet. *Plus* hat hier nicht einfach die Bedeutung der unauffälligen Konjunktion *und*, sondern von *außerdem*, also von etwas betont Zusätzlichem. Allerdings würde *außerdem* eine andere Satzstellung als *plus* erfordern, die Inversion (*außerdem* ***hat er*** anstatt *plus* ***er hat***). *Plus* hat also die Bedeutung von *außerdem*, aber die einfachere Satzstellung von *und*.

Etwa 100 Konjunktionen zählt das Deutsche – das ist ziemlich viel. Was bringt *plus* da an Neuem? Es ist kürzer als *außerdem* und hat den Effekt, dass man genauer hinhört, weil es noch ungewöhnlich klingt. Aber es fügt sich spielend in die Reihe der deutschen satzverbindenden Konjunktionen ein, zumal es ja bereits in anderer Verwendung im Sprachgebrauch ist. Woher stammt der neue Gebrauch von *plus?* Natürlich aus dem Englischen. Man schaue nur amerikanische Serien. Schadet dieser Sprachwandel? Nein. Er ist schiere Variation, und Variation ist eine der ganz normalen Triebkräfte des Sprachwandels.

Den Kopf schütteln? Eher nicht

Wer nun als Liebhaber der deutschen Sprache den Kopf über die genannten Kurzformen schüttelt, dem sei entgegnet: Unsere Sprache lebt, sie wird in der Sprachgemeinschaft weiterentwickelt, und nicht alles dabei ist bitterernst gemeint. Auch das ist kein unsympathischer Zug, im Gegenteil. Volkstümlichkeit, Komik und Witz sind Stilzüge aus eigenem Recht. Es zeigt sich in den Kurzformen, die man auch als »Speed-Deutsch« bezeichnen könnte, eine humorvolle Lässigkeit, die dem Deutschen nicht schaden muss. Denn auch das wäre ein Gegenakzent gegen das Urteil – oder Vorurteil? –, die Deutschen seien ein »Volk ohne Witz«, wie es der Literaturwissenschaftler Otto F. Best im Titel eines scharfsinnigen Buches anklingen lässt. Einiges aus unserer Geschichte spricht für diese These, so der unvergleichliche deutsche Merkspruch: »Spaß muss sein.« *Muss sein!* Oh je! Aber jene Mischung aus »Kleinbürgermentalität und Militärgeist« (Otto F. Best) entstammt nun doch einer anderen, längst vergangenen Zeit.

Der Stilzug der lässigen Schnelligkeit ist durchaus nicht ohne Witz, und das heißt auch nicht ohne Selbstironie. In diesem Geschwindigkeitsjargon wird nicht jene strenge Verbindlichkeit eingefordert, die man den Deutschsprachigen zuschreibt. Eher im Gegenteil. Die Lockerheit ist auf dem Vormarsch, sodass manche sich schon Sorgen machen, sie sei des Guten zu viel. Aber eins steht fest: Das Deutsche ist *dazu fähig,* in aller Kürze eine humorvolle Lässigkeit zum Ausdruck zu bringen.

Zum Abschluss dieses Kapitels ein kurzer Musterdialog im Geschwindigkeitsdeutsch:

A: Hallo!

B: Hä?

A: Was geht? Geht's noch?

B: Wie jetzt?

A: Das geht gar nicht!

B: Doch, da geht noch was.

A: Besser isses.

B: Auf keinen.

A: Auf jeden.

B: Das glaub ich jetzt nicht.

A: Wie blöd ist das denn?

B: Aber so was von!

A: Echt jetzt?

B: Dein Ernst!

A: Aber hallo!

Es sage niemand, man könne sich auf Deutsch nicht kurzfassen!

Buchtitel fürs Kopfkino – kurz, prägnant, bekannt

Es sind Sprachkunstwerke des Deutschen auf knappstem Raum: markante Buchtitel. Manche begleiten uns ein Leben lang: einprägsam, weil sie unverwechselbar und anspielungsreich, verheißungsvoll, spannungsgeladen und rätselhaft sind. Erst beim Lesen des Buches entdecken wir den Sinn des Titels, und wenn wir das Buch aus der Hand gelegt und später vieles wieder vergessen haben, erinnern wir uns an die wenigen markanten Wörter, die der Autor gewählt hat, um seinem Werk einen Namen zu geben. Und darein setzt er seine ganze Sprachkunst. Denn der Titel soll uns verführen, soll etwas verraten (freilich nicht zu viel), soll uns eine Frage stellen, aber auch die Spur einer Antwort erkennen lassen, nicht mehr, denn er soll doch immer auch geheimnisvoll bleiben. Ein hoher Anspruch!

So schöpfen die Buchtitel aus dem großen Fundus der deutschen Sprache, aus ihren Wörtern und Redensarten, aus Zitaten und Satzfragmenten, den Möglichkeiten sprachlicher Verdichtung, Kürze und Knappheit. Mal dichterisch, mal umgangssprachlich, aber immer mit dem Besonderen: dem Auf-einen-Begriff-Gebrachten einer meist jahrelangen erzählerischen Arbeit, oftmals in Einsamkeit und Freiheit. Hier eine kurze Auswahl besonders eindrucksvoller Buchtitel in deutscher Sprache:

- Die Wahlverwandtschaften (Johann Wolfgang von Goethe)

- Wanderungen durch die Mark Brandenburg (Theodor Fontane)

- Unter Geiern (Karl May)
- Im Westen nichts Neues (Erich Maria Remarque)
- Wolf unter Wölfen (Hans Fallada)
- Sternstunden der Menschheit (Stefan Zweig)
- Grieche sucht Griechin (Friedrich Dürrenmatt)
- Kein Ort, nirgends (Christa Wolff)
- Die Angst des Tormanns beim Elfmeter (Peter Handke)
- Vor der Zunahme der Zeichen (Senthuran Varatharajah)

Fünfter Vorzug: leserfreundlich in der Rechtschreibung

Gott vergibt, Django nie. Gott vergibt Django nie.

Die satzinterne Großschreibung führt dazu, dass das Deutsche eine ideale Sprache für Leser ist. Die Wortart der Substantive springt uns beim Lesen unmittelbar ins Auge. Der Satz gliedert sich spielend. Und ist es nicht auch ein Vorteil, dass wir in der Schule gelernt haben, Substantive und Substantivierungen großzuschreiben?

Die Rechtschreibung ist gewiss der strittigste Bereich der deutschen Sprache. Denn hier geht es um Regeln, um richtig und falsch, um Normen im Wandel der Zeiten und des sich wandelnden Sprachgebrauchs. Bis hin zum Thema Sprache und Moral erstreckt sich das weite und teils umkämpfte Feld der Rechtschreibung – der regelgerechten Schreibung.

Aber um Streit und Strittiges geht es in diesem Buch nicht an erster Stelle, sondern um die Frage, ob die deutsche Rechtschreibung, die Schreibung einer »altverschrifteten Sprache«, wie der Germanist Helmut Glück das Deutsche nennt, durch ein vernünftiges Verhältnis von Laut und Zeichen (also von Phonem und Graphem) gekennzeichnet ist; ob sie schwer zu verstehen, zu erlernen und zu beherrschen ist oder eher leicht; und schließlich und vor allem: ob sie gut zu schreiben und gut zu lesen ist.

Seien wir uns dessen bewusst, dass die Schrift für eine Kultursprache unerlässlich ist, und dass die vereinbarte Schreibung von Wörtern nach Regeln, noch dazu in einer großen und auf mehrere Staaten verteilten Sprachgemeinschaft wie der deutschen, elementar ist. Denn leicht geht der Zusammenhang in einer solchen polyzentrischen Sprache, und das ist das Deutsche, verloren, wenn die Regeln stark voneinander abweichen oder an Verbindlichkeit einbüßen. Vor allem die Regeln der Schreibung, denn angesichts der Vielfalt der Aussprache trägt sie zur überstaatlichen Einheit der deutschen Sprache bei. Um die Einheit der Rechtschreibung weitestmöglich zu bewahren, gibt es – ungewöhnlich für die deutsche Sprachgemeinschaft – eine Institution, die Regeln festsetzt: den Rat für deutsche Rechtschreibung.

Zunächst: Was muss die Schrift leisten? Sie soll das, was

gesagt wurde, möglichst genau nachbilden. Das ist ein zentrales Erfordernis, zumal in der Schrift wichtige Zusatzinformationen der mündlich geäußerten Sprache entfallen: Timbre, Tonlage, Betonung, Mimik, Gestik; deshalb also der »Versuch« einer Annäherung. Freilich funktioniert hierbei das Lautprinzip nicht allein, sondern es bedarf grammatischer Ergänzungen (wie noch gezeigt werden wird).

Diesen Versuch unternimmt die deutsche Schreibung mit der Alphabetschrift: mithilfe von 26 beziehungsweise 30 Zeichen oder Buchstaben (die des Alphabets einschließlich der Umlaute und des ß) die 36 bedeutungsunterscheidenden Laute, die *Phoneme,* in der Schrift wiederzugeben. Phoneme sind beispielsweise ***H**aus* und ***M**aus;* es sind lautliche Minimalpaare, die Bedeutungsunterschiede markieren, auch bei den Vokalen, etwa *l**i**eben – l**e**ben* oder *W**a**nd – W**i**nd.* Das Deutsche ist lautlich anspruchsvoll: mit 15 Vokalen (die kurzen und langen Vokale), die Umlaute, die Doppellaute *ei, eu, au* und der sogenannte *Schwa*-Laut, wie bei *Fische* das pluralanzeigende unbetonte *e,* und 21 phonetisch erfassten Konsonanten. Und es verlangt dem Sprecher demnach auch einiges ab.

Auf der Seite der Zeichen, der Grapheme, kommen zum Repertoire der Einzelgrapheme noch Kombinationen von Buchstaben hinzu, zum Beispiel »Konsonantencluster« wie *st, sp, pf, tz, sch, ng* (sogenannte Plurigrapheme). Auf diese Weise können die teils sehr komplexen Konsonantenkombinationen wie ***Strumpf*** oder *Her**bst*** dann auch geschrieben werden.

Deutsch – eine lautreiche Sprache

Das Deutsche ist eine lautreiche Sprache. Sie in die Schrift umzusetzen, ist anspruchsvoll. Freilich fällt die Lautfülle des Deutschen geradezu bescheiden aus, wenn man sie mit der Anzahl der Phoneme vergleicht, die bislang in den Sprachen der Welt *insgesamt* identifiziert wurden: Es sind etwa 1500. Und allein in den Sprachen des Kaukasus – eine Region mit einzigartiger Sprachenvielfalt – sind 80 Konsonanten keine Seltenheit. Da müssen selbst fünf Konsonanten am Ende von *schi**mpfst*** nicht über die Maßen beeindrucken.

Das Mengenverhältnis zwischen Phonemen und Graphemen zeigt, dass es im Deutschen keine Eins-zu-eins-Entsprechung zwischen Lauten und Schriftzeichen gibt. Doch es gibt durchaus »Inkorrespondenzen«, wie die Linguisten Walter Sendlmeier und Alexandra Oertel es nennen,[1] wenn zum Beispiel zwei Grapheme für dasselbe Phonem (***v**on* und ***F**orm*) oder zwei Phoneme für dasselbe Graphem (***V**ater* und ***V**ase*) stehen.

Gelernt und geübt werden müssen auch die verschiedenen Schreibungen des langen *i (ie, ih, i)*. Dabei lohnt es sich, die Häufigkeit der jeweiligen Schreibungen zu erfassen, was der Linguist Günther Thomé dankenswerterweise minutiös getan hat. So wies er nach, dass die Schreibung des langen *i* durch das Doppelgraphem *ie* mit 72 Prozent die weitaus häufigste ist – anders, als es in Anlauttabellen der Grundschulen mit dem *I* des ***I**gels* gezeigt wird (nur 8 Prozent der Schreibungen). Es kann Lehrkräften und ihren Grundschülern sehr helfen, bei der Vermittlung der Rechtschreibung im Unterricht mit den häufigsten Phänomenen zu beginnen – Thomé nennt das die »Basisgrapheme« – und nicht mit eher seltenen Fällen, den »Orthographemen«.

Der Vergleich mit anderen Schriftsystemen zeigt, dass das Deutsche in seinem Graphem-Phonem-Verhältnis etwa in der Mitte zwischen zum Beispiel dem Französischen und dem (sehr lautgetreuen) Spanisch liegt. Beide Bereiche, der graphematische und der phonematische, liegen im Deutschen nicht weit auseinander. Es gibt Schriften, die nur die Konsonanten schreiben, sodass die Vokale beim Lesen nachkonstruiert werden müssen (was durchaus geht und auch im Deutschen ginge, etwa *schrbn, lsn, rchnn*). Aber freuen wir uns doch, dass wir im Deutschen Vokale und Konsonanten lesen können und beim Lesen daher auch nicht allzu viel kombinieren müssen, sondern bequem mit dem Auge über die Zeilen gleiten können.

Das Stammprinzip als Vorzug

Die Alphabetschrift ist zunächst eine Schrift, die die Aussprache in ihren Zeichen nachbilden will. Sie ist ziemlich nah an dem, was sie in der Lautstruktur an Material vorfindet. Das ist die Grundlage. Aber ganz rein phonematisch, nach dem Lautprinzip, schreiben wir im Deutschen nicht. Wäre es aber nicht das Einfachste, für jeden Laut ein Zeichen zu bestimmen und es stets gleich zu schreiben? Man würde beispielsweise *die Han**t*** schreiben. Denn wir hören am Ende des Wortes die sogenannte Auslautverhärtung, die für die deutsche Lautstruktur typisch ist. Wir schreiben aber *Han**d*** mit *d*. Warum? Weil wir so den Plural indirekt gleich mit abbilden: *Hände*. Und was geschähe im Plural mit dem *a* in *Hand*, wenn wir rein lautlich schrieben? Es hieße vermutlich *Hende*. Schrieben wir rein lautlich, wäre demzufolge die Verwandtschaft von *Hand* und *Hände* nicht im Schriftbild zu erkennen. Man stelle sich vor, wie viel schwieriger das Erfassen von Bedeutungen beim Lesen wäre, wenn wir das Stammprinzip nicht hätten.

Genau hier setzt es ein und ergänzt das reine Lautprinzip. Das ist ein kluger Schachzug der Orthografie. Denn man kann aus den Bauformen der Wörter, also auf der Grundlage ihrer Morphologie, ihre Schreibung *durchsichtiger, begreifbarer* machen, als eine reine Lautschrift es könnte: Die *Hand* nimmt im Plural das Ausgangs-*a* auf und formt es in den entsprechenden Umlaut *ä* statt in ein *e* um, und umgekehrt ist der Pluralkonsonant *d (Hän**d**e)* bereits im Singular *(Han**d**)* an der Schreibung erkennbar. Wenn man weiß, dass der Plural von *Hand Hände* lautet, weiß man nach dem Stammprinzip, dass sich *Hand* am Ende mit *d* schreibt, auch wenn wegen der Auslautverhärtung ein *t* gesprochen wird. Auf diese kluge Weise ergänzt das sogenannte morphologische Prinzip das phonematische Prinzip in der deutschen Schreibung.

Ähnlich ist es bei *Tor*. Wir sprechen das *r* im Singular nicht (wir sprechen das Schwa, *Toa*), aber wir schreiben es, weil es im zweisilbigen Plural erforderlich ist: *Tore*. Die Schrift hält den Wortstamm konstant. Um den Vorzug des Stammprinzips auf einen einfachen Begriff zu bringen: Man sieht, was zusammengehört! Man erkennt an der Schreibung, was morphologisch miteinander verwandt ist. Wenn man das weiß, kann man eine schier endlose Zahl weiterer Ableitungen richtig schreiben, ohne sie vorher je gekannt oder geübt zu haben: *Handtuch, händisch, Schreibhand, Handlanger*. Die sichtbare Verwandtschaft macht es möglich.

Eine orthografische Regel dient dazu, »eine auf das Ohr ausgerichtete Form sozusagen auf Augentauglichkeit zu transformieren«, wie der Grammatiker Peter Eisenberg die Aufgabe zusammenfasst.[2] Aufgabe weitgehend erfüllt!

Ein weiterer Vorzug der deutschen Schreibung geht auf das Lautsystem des Deutschen zurück: Es hat einen konstanten Wortakzent (anders zum Beispiel als das Spanische). Wenn das Verb *kommen* auf der ersten Silbe des Wortstammes betont ist, bleibt der Akzent in den Vergangenheitsformen gleich: *kámen, gekómmen*. In den im Deutschen so häufigen Zweisilblern *(Va-ter, Toch-ter, Tan-te)* – sie stellen den Großteil der Substantive unter den 8000 Grundwörtern, von denen sich der deutsche Wortschatz ableitet – ist in der Regel die erste Silbe betont und die zweite unbetont: *Vá-ter.* Peter Eisenberg sagt dazu, die Plurale der einfachen Substantive seien »trochäisch«, also durch die metrische Form des Trochäus bestimmt: die erste Silbe betont, die zweite unbetont.

Die Endung *-er* in *Vat**er*** wird in einer besonderen Weise ausgesprochen. Man verschmilzt beide Laute zu einem weichen, unbetonten *a*. Beim Wort *Tant**e*** verhält es sich ähnlich. Deren unbetontes *e* wird nur abgeschwächt gesprochen, eher angedeutet. Man nennt dieses Phänomen die »Nebensilbenabschwächung«. Auf diese lautliche Wortstruktur kann man sich im nativen Wortschatz des Deutschen, also bei dessen ureigenen Wörtern, verlassen. (Bei aus anderen Sprachen importierten Wörtern geht dies meistens nicht, Beispiel *Kamél.*) Die silbische Struktur scheint auch in der Trennungsregel wieder auf, denn wir trennen im Deutschen nach den Silben, also nicht wie mittlerweile im »gegenderten« *Leh-rer-in-nen*, sondern *Leh-re-rin-nen*.

Wenn nun im Deutschen der Vokal in der ersten Silbe nicht wie bei *Va-ter* betont und lang, sondern unbetont und kurz ist, kann ein von Peter Eisenberg so genanntes »Silbengelenk« ins Spiel kommen. In der Rechtschreibung sehen wir dann eine Konsonantenverdopplung: *ret-ten.* Je einen der beiden Konsonanten zählen wir zu einer der beiden Silben, was wir in der Trennung am Zeilenende wiedererkennen.

Rechtschreibung und Grammatik

Lautbestand, Stammprinzip und silbische Struktur werden also in der deutschen Schreibung auf sinnvolle Weise berücksichtigt. Hinzu kommt ein weiterer Vorzug, die Berücksichtigung der Grammatik in der Rechtschreibung.

Wenn das Deutsche nur die Kleinschreibung pflegte – wie es immer wieder einmal befürwortet wird (auch Jakob Grimm vertrat diese Position) –, könnte man den folgenden Satz wohl kaum sinnverstehend lesen: *Wenn fliegen hinter fliegen fliegen, fliegen fliegen fliegen hinterher.* Stattdessen sieht das Deutsche die Großschreibung der Nomina vor. Es ist eine nützliche Besonderheit der deutschen Schriftsprache, denn schon erhellt sich der Sinn dieses zugegebenermaßen konstruierten Beispiels: *Wenn Fliegen hinter Fliegen fliegen, fliegen Fliegen Fliegen hinterher.* Durch die Großschreibung ist dem Leser klar: Das muss das Nomen sein. Bei der Lektüre des Satzes erkennt man seine Gliederung in die Nomina und in das Prädikat. Das ist für den Leser ungemein hilfreich.

Es kommt hinzu, dass auch *andere Wortarten,* die zu Substantiven umgeformt werden, sogleich als solche zu erkennen sind: *das Wandern, das Schöne,* ja sogar *das Aber* sind substantivisch gebrauchte Verben, Adjektive und Konjunktionen. Ihre neu angenommene Wortklasse wird für den Leser durch die Großschreibung kenntlich, und schon ist der Satz verständlich gegliedert.

Ein weiterer Vorzug: Wenn wir die Großschreibung lernen, dann lernen wir zugleich ein wichtiges Kapitel der Grammatik: die Unterscheidung der Wortarten. Wir lernen, dass die Satzstruktur Wortarten wie Verben oder Adjektive in Substantive umwandeln kann, die dann konsequent großgeschrieben werden. Wer das kann, hat zugleich einiges über Wortklassen und deren Umwandlung gelernt. Die Rechtschreibexpertin Irene Corvacho del Toro bringt es auf den Punkt: »Wenn ich richtig gut schreiben kann, dann habe ich die deutsche Grammatik verstanden.« Und sie fügt im Gespräch hinzu: »Es ist schön, wenn ein Kind versteht: *Ach, so ist das!*« Genau darum soll es in der Schule gehen: die Rechtschreibung zu *verstehen,* dann zu üben und schließlich zu beherrschen. Denn verstehen kann man sie, eben weil sie in den großen Linien begründet ist.

Kommen wir zum vielleicht schwierigsten Gebiet der deutschen Rechtschreibung: der Getrennt- und Zusammenschreibung. Hier hat die Rechtschreibreform von 1996 in der Absicht, die Regeln zu vereinfachen, zu großen Streitigkeiten und zu großer Verunsicherung geführt. Die Reform hat unter anderem die Getrenntschreibung begünstigt. Es sollten aber die Vorzüge der Zusammenschreibung im Deutschen nicht untergehen.

Zusammenschreibung

Die Zusammenschreibung ist eine Verdichtung. Anders als in Sprachen, in denen lange Ketten von Substantiven und Präpositionen geknüpft werden müssen, um komplexe Begriffe zu bilden, kann das Deutsche verschiedene Wörter zusammenschweißen und daraus einen neuen Begriff schaffen. Aus *Schnee* und *verweht* wird *schneeverweht.* Die besondere Nähe, die zwei Wörter in der Zusammenschreibung miteinander eingehen, wird gut erkennbar in den Fällen, in denen zwei Schreibungen mit unterschiedlicher Bedeutung möglich sind, zum Beispiel *früh reif* und *frühreif.* Die erstgenannte Form ist eine Wortgruppe, die zweite eine Zusammensetzung, ein Kompositum, was man auch an der Betonung erkennt, am Wortakzent auf der ersten Silbe.

Die Rechtschreibreform von 1996 strebte eine Stärkung der Getrenntschreibung an. Der Proteststurm richtete sich gegen den Verlust an Differenzierung, den die weitgehende Getrenntschreibung bedeutet hätte. Warum sollte eine Möglichkeit der Schrift, feine Bedeutungsunterschiede wie bei *früh reif* und *frühreif* zu bezeichnen, aufgegeben werden? Und so kam es schließlich zehn Jahre später zu einer Korrektur der Reform. Heute schreiben wir wieder *sitzen bleiben* und *sitzenbleiben* mit der jeweils anderen Bedeutung: einmal wörtlich-räumlich, einmal im übertragenen Sinne (eine Klasse wiederholen). Hätte man die unterschiedliche Schreibung aufgegeben, müssten wir beim Lesen aus dem Zusammenhang schließen, welche Bedeutung gemeint sei, statt sie sogleich an der Schreibung erkennen zu können.

Die Möglichkeit, durch Zusammenschreibung zweier Wörter eine *neue Gesamtbedeutung* zu schaffen, vergrößert die Freiheit der Wortschöpfung. Verben wie *gesundbeten* oder *kaltstellen* verdeutlichen diese neue Gesamtbedeutung, die sich konsequenterweise in der Schreibung widerspiegelt. Ob jemand nach heilsamen Fastenwochen in einem Kloster *gesund beten* oder nach einem selbst verschuldeten Misserfolg lieber *nichts gesundbeten* will, ist ein erheblicher Unterschied. Man erkennt ihn an der Schreibweise. Wie sagt es Peter Eisenberg so treffend? Die Orthografie ist »fürs Auge gemacht«.[3]

Zwar muss man eine gewisse Spitzfindigkeit aufbieten, um zu unterscheiden, warum beispielsweise beim Verb *staubsaugen* zwei Schreibungen möglich sind: einmal als zusammengesetztes Verb, wenn jemand sagt, er wolle *intensiv staubsaugen,* und einmal als Wortgruppe, wenn er *liegengebliebenen Staub saugen* möchte. Allerdings sind diese unterschiedlichen Schreibungen nun wiederum grammatisch begründet: Einmal steht ein Adverb *(intensiv)* vor dem Verb, und wie der Name schon sagt, bezieht sich ein Adverb auf ein Verb (oder ein Adjektiv). Und im anderen Falle bezieht sich das Partizip *liegengeblieben* als Attribut auf ein Substantiv, also schreibt man die Wortgruppe auseinander. Auch hier ist die Schreibung letztlich aus den grammatischen Bezügen ableitbar, also schlüssig – ein klarer Vorzug.

Logische Zeichensetzung

Kommen wir noch zur Zeichensetzung, einer »armen Verwandten« der deutschen Rechtschreibung, vernachlässigt, ungeliebt und wenig beherrscht. Der Journalist Harald Martenstein hat die Lage des Kommas so zusammengefasst: »Der Fortbestand der frei lebenden sibirischen Tiger ist weniger bedroht als der Fortbestand des korrekt gesetzten deutschen Kommas.«[4] Dabei ist die Zeichensetzung im Deutschen gut lernbar, weil sie grammatikalisch fundiert ist: Nebensätze werden durch Kommata vom Hauptsatz abgesetzt. Das ist sinnvoll, weil dadurch das Verständnis eines Satzgefüges erleichtert wird. Das lässt sich an jenem Satz aus der »Blechtrommel« von Günter Grass zeigen, das uns bereits als Beispiel für einen langen Satz diente. Streicht man die Kommata, kann man sich nur mit Mühe zurechtfinden:

> Um nicht mit einer Kasse klappern zu müssen hielt ich mich an die Trommel und wuchs seit meinem dritten Lebensjahr keinen Fingerbreit mehr blieb der Dreijährige aber auch Dreimalkluge den die Erwachsenen alle überragten der den Erwachsenen so überlegen sein sollte der seinen Schatten nicht mit ihrem Schatten messen wollte der innerlich und äußerlich vollkommen fertig war während jene noch bis ins Greisenalter von Entwicklung faseln mussten der sich bestätigen ließ was jene mühsam genug und oftmals unter Schmerzen in Erfahrung brachten der es nicht nötig hatte von Jahr zu Jahr größere Schuhe und Hosen zu tragen nur um beweisen zu können daß etwas im Wachsen sei.

Die Lektüre stockt an etlichen Stellen, weil der Überblick verloren geht; und er geht verloren, weil die Gliederung des Satzgefüges durch das Komma fehlt. Ohne Kommata können wir keinen komplexen Satz schreiben, und vermutlich würden wir ihn auch gar nicht erst schreiben, wenn wir in der Zeichensetzung unsicher wären, sondern würden gleich auf eine Reihung von Hauptsätzen ausweichen – wie schade!

Dabei ist es so einfach und klar: Alle Nebensätze werden durch ein Komma abgetrennt: Adverbialsätze mit *weil, wenn, obwohl, da, sodass* etc., Relativsätze (die Frau, *die ich sah*), Ergänzungssätze (Sie sagte, *dass sie keine Zeit habe*) und nebengeordnete Sätze mit *denn.* Schwer zu lernen ist das nicht. Und doch erlebt man immer häufiger, dass Kommata entweder gar nicht oder falsch gesetzt werden. Die einfache Regel, dass Kommata einen Nebensatz, der selbst wiederum durch ein finites Verb gekennzeichnet ist, vom Hauptsatz trennen, wird von vielen nicht mehr beherrscht. Das kann nicht an der Regel liegen. Denn klarer als im Deutschen kann man Zeichensetzung nicht regeln!

Wenn man den Klagen aus Schulen, Kammern und Hochschulen Glauben schenkt, gilt Zeichensetzung nicht mehr viel. Wie der »Dritte Bericht zur Lage der deutschen Sprache« in präzisen Studien zeigt, geht die korrekte Zeichensetzung in schriftlichen Arbeiten von Schülern seit Jahren deutlich zurück. Überhaupt werden die verschiedenen Satzzeichen bis aufs Komma kaum noch verwendet: Semikolon, Gedankenstrich, Doppelpunkt. Dafür nehmen falsch gesetzte Kommata allerdings deutlich zu.[5] Das macht es leider nicht besser, im Gegenteil. Fachleute empfehlen, dass nach der »kommunikativen Wende« in der schulischen Didaktik eine »syntaktisch fundierte Vermittlung«

der Zeichensetzung, insbesondere des Kommas, folgen sollte, weil es ohne sie nicht geht.[6]

Eine Lanze fürs Komma

Seit der Rechtschreibreform ist das Komma vor dem erweiterten Infinitiv freigestellt – leider! Gewiss, der erweiterte Infinitiv war eine Quelle besonders häufiger Fehler. Aber eigentlich ist er dem gesunden Menschenverstand leicht zugänglich. Die alte Regel war einfach: Wird ein Verb im Infinitiv durch Objekte oder Attribute ergänzt, setzt man nach dem Hauptsatz ein Komma. Was leistet das Komma vor dem erweiterten Infinitiv? Es hilft, Missverständnisse zu vermeiden: Der Satz *Sie riet ihm zu helfen* (Beispiel von Peter Eisenberg) wird nur dann richtig verstanden, wenn man davon ausgehen kann, dass der Schreiber die Kommasetzung nach dem erweiterten Infinitiv noch beherrscht und deshalb absichtlich kein Komma gesetzt hat. Denn dann bedeutet der Satz, *dass er helfen solle*. Wäre es ein erweiterter Infinitiv, müsste der Satz nach der alten Schreibung durch ein Komma gegliedert sein: *Sie riet, ihm zu helfen*. Hier geht es also darum, dass *ihm* geholfen wird – das glatte Gegenteil des Infinitivs ohne Komma.

Man sieht, wie sinnvoll die Kommasetzung ist und zu welchem Missverständnis ihr Fehlen führen kann. Tröstlich ist, dass wir das Komma vor dem erweiterten Infinitiv auch in der aktuellen Schreibung wenigstens noch setzen *dürfen*. Man kann nur empfehlen, es auch zu tun.

Bedauerlich ist ebenfalls, dass das Komma vor *und* in koordinierten Hauptsätzen nicht mehr verpflichtend ist, also bei einem Satz wie:

> Er warf mit Schwung die Eichentür ins Schloss, betrat das Foyer, und im Halbdunkel des Saales erblickte er den ungebetenen Gast.

Der Leser weiß durch das Komma vor dem *und* sofort, dass der zweite Teil dieses Satzes ein eigenständiger Hauptsatz ist: *Im Halbdunkel des Saales erblickte er den ungebetenen Gast.* Wo ist das Problem? Zumal das Komma in unserem Beispiel den Lesefluss lenkt, indem es darauf hinweist, dass ein weiterer Hauptsatz mit eigenem Darstellungsgewicht folgt; dass also eine bedeutsame Information zu erwarten ist. Warum soll man sich dieses hilfreichen Gliederungsinstruments freiwillig benehmen? Immerhin können wir uns auch in diesem Falle damit trösten, dass wir das Komma vor *und* weiterhin setzen *dürfen.* Wer in Bewerbungsschreiben einen guten Eindruck machen möchte, dem sei geraten, das Komma vor *und* zu setzen, denn es verrät analytische Sprachkenntnis.

Doch kommen wir auf einen weiteren häufigen Fehler gerade auch bei Schülern und Studenten zu sprechen, der eigentlich leicht zu vermeiden wäre, wenn man sich nur die Zeit nähme, einmal die Regeln nachzuschlagen. Im Willen, es ganz richtig zu machen, aber in Unkenntnis der Regeln, nach denen ein Komma Sätze oder satzwertige Elemente voneinander trennt, wird das Komma gern fälschlicherweise auch nach Umstandsbestimmungen gesetzt:

> Angesichts der bevorstehenden Prüfung, bitte ich um Zeitaufschub.

Ein klassischer »Hyperkorrektismus«. Kann es sein, dass der studentische Schreiber die einfache Umstandsbestimmung mit einer Apposition verwechselt hat?

> Die bevorstehende Prüfung im Auge habend, bitte ich um Zeitaufschub.

Denn in diesem Fall liegt eine Verbform vor, und so ist die Kommasetzung erlaubt, wenn nicht aus Verständlichkeitsgründen sogar anzuraten. Aber hatte der Schreiber das wirklich im Sinn? Wohl eher nicht …

Die Kommaregeln sind im Deutschen grammatikalisch oder syntaktisch begründet, sodass man sie leicht lernen kann. Zudem haben sie den großen Vorzug, das Lesen selbst komplexer Sätze zu erleichtern. Es ist wie auch sonst bei der deutschen Rechtschreibung: Man muss als Schreiber etwas von der Grammatik *verstanden* haben. Der große Nutznießer ist der Leser. Er dankt es dem Schreiber am Ende.

Dass das Semikolon als nebenordnendes Satzzeichen mit schwächerer Abgrenzung als das Satzabschlusszeichen – der Punkt – leider kaum noch Verwendung findet, soll hier nicht verschwiegen, sondern ausdrücklich beklagt werden. Es ist wie das Komma Opfer einer anbiedernden Niedrigschwelligkeit geworden. So wie der falsch gesetzte Apostroph, der sogenannte »Deppenapostroph«, der in der neuen Rechtschreibung auch in Fällen akzeptiert wird wie in *Birgit's Wollstübchen* oder *Rainer's Bastelecke*. Noch krasser sind karnevaleske Fehler, wie sie Peter Eisenberg aufgespürt hat: *viele Opa's*, und besonders drollig: *frischer Lach's*. Hier glaubt jemand irrigerweise, das Englische zu imitieren.

Wir sollten uns der Vorzüge einer auf Grammatik und Syntax fußenden Rechtschreibung bewusst sein. Es empfiehlt sich, alle ihre Differenzierungsmöglichkeiten zu nutzen. So mancher Ausländer, der aus seiner eigenen Sprache eine eher spontan zu setzende Interpunktion kennt, ist geradezu erleichtert, wie klar die Zeichensetzung im Deutschen geregelt ist. Er muss es wissen. Und wir sollten es beherzigen. Denn »Körper und Stimme leihet die Schrift dem stummen Gedanken« (Friedrich Schiller).

Sechster Vorzug: normiert als Standardsprache

Man geht kein Risiko mit der Feststellung ein, das Deutsche gehöre zu den grammatisch am besten beschriebenen Sprachen überhaupt.

Peter Eisenberg

Längst nicht alle Sprachen der Welt sind genau erfasst. Das Deutsche ist eine besonders gut dokumentierte Sprache. Kein Wunder, denn es ist eine Sprache, die in Staat, Recht und Verwaltung verlässlich verwendet werden muss. Deshalb wird sie als Standardsprache erfasst – als geltende Schriftsprache und als Sprache mit grammatischer Verbindlichkeit – ein Vorzug, wenn man einander in einer grenzüberschreitenden Sprachgemeinschaft verstehen will.

Man zählt weltweit zwischen 6000 und 7000 Sprachen. Es sind ebenso viele kulturelle Schätze, denn jede Sprache bildet besondere Strukturen aus, um die als bedeutend wahrgenommene Wirklichkeit und die Vorstellungen davon zu erfassen und zu vermitteln, sodass darüber nachgedacht und gesprochen werden kann. Die meisten dieser mehreren Tausend Sprachen sind mündliche Sprachen. Viele werden in kleineren Gemeinschaften gepflegt. Das bedeutet wiederum, dass der größte Teil der Sprachen der Welt, nämlich über 90 Prozent, nur von einem kleinen Teil der Weltbevölkerung, nämlich von 6 Prozent, gesprochen wird. Umgekehrt zählen nur 24 Sprachen überhaupt eine große Sprecherzahl von mehreren Millionen. Diese 24 Sprachen werden von zwei Dritteln der Weltbevölkerung gesprochen. Es bestehen also große Unterschiede in der Ausbreitung von Sprachen: viele »kleine« mit vergleichsweise wenigen Sprechern, wenige »große« mit vergleichsweise vielen Sprechern.[1]

Das hat wiederum Einfluss auf die Existenz der Sprachen. Immer wieder sterben kleine aus, weil größere als Verkehrssprachen ihre Funktionalität einschränken und sich Teile der Sprecher kleiner Sprachen deshalb von der überlieferten Sprache abwenden. Damit gehen freilich auch kulturelle Besonderheiten und Errungenschaften unter, die nur in Wörtern oder grammatischen Strukturen dieser Sprachen erfasst werden. Deshalb gibt es vermehrt Bemühungen, Sprachen wiederzubeleben, indem sie in der Schule gelehrt werden. Das kann aber nur gelingen, wenn der politische Wille der kleineren Sprachgemeinschaften den nötigen Einfluss entfaltet oder wenn die dominante größere Sprachgemeinschaft eine Verpflichtung zur Pflege kleinerer Sprachen eingeht (so wie im Fall des Sorbischen, des Friesischen, des Dänischen und des Niederdeutschen in Deutschland).

Sprachen können sterben. Sie haben keine unendliche Lebensdauer, sondern eine begrenzte. Durchschnittlich etwa alle zwei Wochen stirbt eine von ihnen. Wodurch aber können Sprachen fortbestehen, wie können sie überleben? Am ehesten dann, wenn sie eine zentrale Rolle für ein größeres Gemeinwesen einnehmen, das auf eine gemeinsame Verkehrssprache angewiesen ist. Das ist zum Beispiel der Fall, wenn eine Sprache Amtssprache eines Staates wird. Diesen Status haben rund 100 Sprachen, weniger als 2 Prozent der Sprachen der Welt. Das Deutsche gehört zu dieser Gruppe. Es hat den Status einer nationalen oder regionalen Amtssprache in sieben Staaten: Deutschland, Österreich, Schweiz, Belgien (Ostbelgien), Italien (Südtirol), Liechtenstein und Luxemburg. Deutsch ist also nicht nur eine Nationalsprache, sondern wird darüber hinaus in einem grenzüberschreitenden Sprachraum gesprochen.

Was bedeutet es, wenn eine Sprache Amts- oder Staatssprache ist? Sie muss in allen öffentlichen Angelegenheiten verwendet werden können. Dazu muss sie eine Schriftsprache, genauer eine geschriebene Standardsprache, sein.

Schriftlichkeit erfordert die Setzung von Normen, denn sie *ist* selbst eine Norm: Die Schrift fixiert ein *standardisiertes* Verhältnis von Laut und Zeichen, von Phonem und Graphem. Indem sie den Sprachgebrauch für die ganze Sprachgemeinschaft in einem Kodex festhält, erzeugt die Schrift über den mündlichen Sprachgebrauch hinaus eine Vergesellschaftung der Sprache: Die Schrift *kodifiziert* die Sprache. Dazu gehört auch eine stilistische Auswahl aus dem, was normalerweise mündlich gesprochen wird: »Schriftdeutsch« ist nicht einfach geschriebenes mündliches Deutsch, sondern – mit Ausnahme schriftlicher Spontannachrichten in den Social Media – auch ein gehobenes Deutsch.

Das hat funktionale Gründe. Denn anders als im mündlichen Gebrauch entbehren wir im schriftlichen Text der Mimik, Gestik und Intonation des Sprechers. Die Schriftsprache muss diesen Mangel ausgleichen, indem sie genauer und ausführlicher formuliert. Dies trifft schon gar für den amtlichen Gebrauch der Sprache in internationalen Staatsverträgen, in der innerstaatlichen Verwaltung wie auch im gesamten Rechtswesen zu. Was die Sprache der Gesetze formuliert, muss wegen der Vielfalt der zu verhandelnden Rechtsstreitigkeiten so klar wie möglich auslegbar und anwendbar sein, denn es hat existenzielle Wirkung.

Schriftsprache ist also Normsetzung. Die Norm hat ihren Sinn. Sie beschreibt das, was über Neigungen des Einzelnen hinausgeht; sie hält fest, was für eine Sprachgemeinschaft das Normale ist. Die schriftsprachliche Norm fußt auf dem alltäglichen Gebrauch vieler, übernimmt ihn aber nicht in Gänze, indem sie eine Auswahl daraus trifft und Formen der Ausführlichkeit, Eindeutigkeit und Verbindlichkeit hinzufügt, die in dieser Art im mündlichen Gebrauch ungewöhnlich sind. Schriftsprachen entwickeln daher einen über den alltäglichen mündlichen Gebrauch hinausgehenden Wortschatz. Auch im Satzbau entwickeln sie komplexe Formen, die im mündlichen Gebrauch kaum verwendet werden, weil sie hier eine Überforderung darstellen, wohingegen sie wegen der Möglichkeit wiederholten Lesens in der schriftlichen Form verständlich sind. Dies betrifft nicht nur die Sprache der Verwaltung und des Rechts, sondern auch die Fach- und Wissenschaftssprachen.

Die Orthografie folgt im Deutschen auch der Grammatik. Sie ist keine reine Lautschrift. Ohne Bezug zur Grammatik sind im Deutschen, wie wir sahen, weder Großschreibung noch Zeichensetzung zu erklären, geschweige denn zu beherrschen.

Die Grammatik ist die in Regelaussagen (und in Beschreibungen davon abweichender Besonderheiten) gefasste Norm. Sie gibt Auskunft darüber, was die richtige Verwendung der Sprache ist: Sie beschreibt deren Lautsystem und ihr Verhältnis zur Schrift. Sie zeigt, aus welchen Bausteinen (Morphemen) die Wörter einer Sprache gebildet werden. Sie beschreibt die Wortarten. Sie fixiert die Art, wie in einer Sprache flektiert (gebeugt) wird. Und sie zeigt auf, welche Satzarten es in der jeweiligen Sprache gibt und wie korrekte Sätze gebaut werden.

Grundlage der Sprachbeherrschung ist zunächst die grammatische Sprachrichtigkeit. Solange Deutschkenntnisse in Schulen geprüft und Fehler korrigiert, ja sanktioniert werden, geschieht dies anhand der grammatischen Norm. Das klingt nicht sympathisch. Aber fragen wir uns einmal: Wie wäre es denn, wenn wir keine Grammatikbücher hätten und es keine Wörterbücher gäbe, die das Deutsche beschreiben? Wie könnten die aus verschiedenen gesellschaftlichen Schichten kommenden Schulkinder die Kenntnisse der Landessprache überhaupt verfeinern? Wie könnten sie die Schriftsprache lernen? Wie könnten sich die vielen Zuwandererkinder, die in ihren Familien ohne Deutsch aufwachsen, die Landessprache aneignen? Und wie sollte ein mehrere Millionen zählendes Gemeinwesen ohne eine Vorstellung sprachlicher Richtigkeit funktionieren? Zuwanderer halten einer Umfrage zufolge übrigens eine sichere Beherrschung der deutschen Sprache für wichtiger als deutsche Muttersprachler.[2]

Das Deutsche ist eine der am besten erforschten Sprachen der Welt. An präzisen Grammatiken und umfangreichen Wörterbüchern herrscht kein Mangel. Bibliografien zur deutschen Grammatik kommen auf über ein halbes Tausend Werke nur in den letzten Jahrzehnten. Allein die grundlegenden Werke des Grammatikers Peter Eisenberg beschreiben die aus dem Sprachgebrauch abgeleiteten grammatischen Regularitäten und Regeln der deutschen Sprache minutiös und präzise – es sind Meisterwerke der Grammatik.

Diese intensive Erforschung und umfassende Beschreibung der Grammatik des Deutschen wird viele Menschen nicht verwundern. Wenn man aber bedenkt, dass es für nicht einmal 5 Prozent der Sprachen der Welt überhaupt ausgearbeitete, kodifizierte Grammatiken gibt[3] (also etwa 150 bis 200 von 6000 oder 7000 Sprachen), steht die wissenschaftliche Erfassung des Deutschen schon in einem anderen Licht. Sie ist eben keine Selbstverständlichkeit, sondern Ausdruck der Bedeutung, die Regelwerken dieser Sprache zugemessen wird, was wiederum auf deren Notwendigkeit für eine große Sprachgemeinschaft zurückzuführen ist.

Es wäre zu viel verlangt, grammatische Regelwerke als Teil einer Sprache zu lieben. Man sollte sie aber als Vorzug schätzen.

Sprachnorm und Standard

Die Grammatik als Sprachnorm ist, so Peter Eisenberg, eine »Überdachung«. Es geht nicht darum, davon abweichenden Sprachgewohnheiten ihre Daseinsberechtigung abzusprechen, wohl aber soll *oberhalb aller möglichen Sprachgewohnheiten*, von den Dialekten bis zur Jugendsprache, ein *Standard* zur Verfügung stehen. Man kann diesen Standard definieren als »normale Form öffentlicher Rede und schriftlicher Texte«.[4] Er wird im allgemeinen Sprachgebrauch »Hochdeutsch« genannt, was aber missverständlich ist, weil sich sprachgeschichtlich der Begriff »Hochdeutsch« auf die süddeutschen Dialekte im Unterschied zu den niederdeutschen bezog. Freilich verströmt der linguistische Ausdruck »Standard« alles andere als sprachliche Eleganz und Eingängigkeit. Ergänzen kann man ihn durch den inzwischen wieder verbreiteten Begriff »Bildungsdeutsch«, der indessen nicht nur korrektes Deutsch im Sinne der Grammatik meint, sondern darüber hinaus ausgefeiltes, elaboriertes Deutsch bedeutet, während die Grammatik im Sinne des »Standards« schlicht alles umfasst, was korrektes Deutsch ist, nicht aber unbedingt »gebildetes« Deutsch sein muss.

Bleiben wir also bei der etwas technokratisch klingenden »Standardsprache«. Sie ist unumgänglich, jedenfalls solange sie im Schulwesen unterrichtet wird. Denn das bedeutet schlicht, dass nach einer Norm gelehrt wird, dass also anhand ihrer Beherrschung beurteilt wird, ob ein Schüler richtig – und das heißt regelgerecht – schreiben und formulieren kann. Allein die Existenz eines staatlichen Unterrichtswesens macht eine Standardsprache im Sinne einer Überdachung notwendig. Und umgekehrt bedarf die Standardsprache einer gewährleisteten Vermittlung an die jeweils nächste Generation. Wie soll auch sonst die Verständigung in einer größeren Sprachgemeinschaft sichergestellt werden?

Die vorangehenden Ausführungen klingen etwas defensiv, anstatt das Bestehen einer Standardsprache schlicht als Vorzug zu loben. Die Berechtigung der Sprachnorm muss hier nur deshalb betont und begründet werden, weil sie immer wieder entweder in Einzelfällen angezweifelt oder grundsätzlich infrage gestellt wird. Auch in der Sprachwissenschaft sind die Stimmen nicht selten, die der Fixierung von Sprachnormen skeptisch und kritisch gegenüberstehen, und die dem Sprachwandel, dem schwankenden Sprachgebrauch, mehr Berechtigung und schon gar mehr Faszination abgewinnen können als dem Regelwerk der Standardsprache; denn sie halten den Sprachwandel für das Eigentliche der Sprache und die Norm dementsprechend eher für einen Eingriff in die Natur sprachlicher Dynamik.

Nur gehört beides zur Sprache: ihre Regularitäten und ihre Weiterentwicklung. Bei den Regularitäten geht es vor allem um die tieferen Strukturen der Sprache. Bei ihrer Weiterentwicklung geht es häufig um Bewegungen des Wortschatzes und der Redeweisen. Morphologische, also grammatische Veränderungen, wie zum Beispiel der seit dem Beginn des 20. Jahrhunderts einsetzende Wegfall des Dativ-e (im Wald*e*, auf dem Feld*e*), vollziehen sich sehr viel langsamer. Das leuchtet ein, denn auf den Grundstrukturen und ihrer Verlässlichkeit fußt die Verständlichkeit. Es fällt uns leichter, neue Wörter in unseren Wortschatz aufzunehmen und sie in bestehende morphologische Strukturen einzufügen, als neue grammatische Strukturen zu lernen.

Daher rührt auch der Streit um die Anglizismen, eben weil befürchtet wird, dass sie die grammatischen Grundstrukturen des Deutschen angreifen können. (Allerdings sind, wie Untersuchungen zeigen, viele Anglizismen sogenannte Hybridkonstruktionen aus einem deutschen und einem englischen Wort, die grammatisch wie native Wörter funktionieren, zum Beispiel *Codewort* oder *Riesenbaby*).[5] Die ins Spiel gebrachten neuen morphologischen Formen für Personenbezeichnungen mit Betonung des biologischen Geschlechts sind ja auch deshalb so strittig, weil sie in die morphologische Struktur des Deutschen tief eingreifen – was aber gerade die Absicht ist. Der Bruch *soll* eben in der Aussprache und im Schriftbild sichtbar sein, gewissermaßen als Ausrufezeichen. Dieser Sprachwandel vollzieht sich daher im politischen Streit.[6]

Dass die Grammatik des Deutschen ansonsten wenig Streit verursacht, ist aber eigentlich erstaunlich. Denn es gibt für die grammatische Richtigkeit des Deutschen keine offizielle staatliche Instanz. Einzig der Rat für deutsche Rechtschreibung (und in Deutschland die Kultusminister der Länder) hat das letzte Wort über die Geltung von Normen der Schreibung. Aber es gibt keine Sprachakademie mit dem umfassenden, staatlich zugewiesenen Aufgabengebiet wie in Frankreich, wo die Académie française seit dem Jahr 1635 für Wörterbuch und Grammatik des Französischen zuständig ist.

Sprachliche Normsetzung ist eine heikle Angelegenheit. Einerseits ist sie für ein ausdifferenziertes Staatswesen mit Rechts- und Unterrichtswesen unentbehrlich, denn die Sprache muss in öffentlichen Zusammenhängen verständlich und verbindlich verfügbar sein. Andererseits wandelt sich die Sprache unter dem Einfluss gesellschaftlich-technischer Veränderungen; sie muss aufnahmefähig für neue Dinge, Ideen und Vorstellungen sein. Normen gelten daher vor allem für den Bereich staatlicher Zuständigkeit. Im gesellschaftlichen Geschehen sind sie der Veränderung durch den Sprachgebrauch ausgesetzt. Das Spannungsverhältnis zwischen der Verbindlichkeit der Sprachnorm und der erforderlichen Offenheit der Sprache gegenüber dem Wandel ist kennzeichnend für die Normsetzung und ursächlich für Normdiskussion und Normkritik.

Was ist richtig, was ist falsch, was ist schwankend?

Grammatiker beobachten den Sprachgebrauch. Auf dieser Grundlage beschreiben sie die Eigenschaften der jeweiligen Sprache, ermitteln Regelhaftigkeiten und verdichten diese zu Regeln. Der Staat allerdings legt im deutschen Sprachgebiet keine *grammatischen* Normen fest; nur die Rechtschreibung ist von staatlicher Seite festgelegt. Umso wichtiger ist die genaue Beobachtung des normalen Sprachgebrauchs im Bereich der grammatischen Strukturen.

Aber auch wenn hier keine staatliche Instanz für Verbindlichkeit sorgt: Die deutsche Sprache *hat* markante Regelhaftigkeiten. Dazu gehören die Zweitstellung des Verbs im Satz, die Verbendstellung im Nebensatz oder auch ein komplexes Flexionssystem der Nominalgruppen. So ist zum Beispiel die in meiner Heimatstadt Köln übliche Formulierung *Dat is dem sein Bruder* falsches Deutsch (aber immerhin richtiges Kölnisch). Auch ein von einem Zugewanderten zu hörender Satz wie *Habe ich gesehen dein Schwester* ist falsch, sowohl syntaktisch in der Erststellung des Verbs als auch in der Flexion des Objekts; ebenso die zwei Angebote auf der Speisekarte eines kroatischen Restaurants: *Portion Pfifferlingen mit Ei; Rumpsteak mit Pfifferlinge* – falsche Pluralendung und falscher Kasus.[7]

Fehler zeigen sich aber auch bei Muttersprachlern. Nehmen wir den des kleinen Arthur, der zu seiner Mutter sagt: *Mama, ich hab den Ball* ***genehmt***. Dann zeigt er auf einen anderen Jungen und meint: *Der hat den Ball* ***geschmeißt***. Die Analogie zum Partizip Perfekt schwacher Verben *(gearbeit**et**)* zeigt zwar bereits ein frühes und gutes Verständnis der Flexion des Deutschen; die für den Spracherwerb typische Übergeneralisierung führt Arthur aber zu einer falschen Form.[8]

Falsch ist auch die studentische Aussage: *Ich habe dem Uni-Präsiden**t** geschrieben.* Denn noch gilt die Dativ-Endung *dem Präsiden**ten***, auch wenn eine Tendenz zur Abschleifung im Sprachgebrauch zu erkennen ist. Aber erst, wenn der Sprachgebrauch bei Wörtern wie *Präsident, Referent* oder *Praktikant* die schwache n-Deklination (alle Kasus-Formen bis auf den Nominativ enden auf -n wie bei *Junge*) in Richtung der e-Deklination bewegt (die dann allerdings ein Genitiv-*s* verlangen würde, siehe *Frühling, des Frühlings*), kann die Form *dem Präsident* als sprachrichtig angesehen werden. Solange dies nicht der Fall ist, gilt sie in der schriftlichen »Leitvarietät« schlicht als falsch.

Grammatikalisch falsch ist auch jene studentische Formulierung, es gehe darum, *den Men**sch** in seiner Entwicklung zu unterstützen*. Das Substantiv *Mensch* gehört der n-Deklination an und nicht der e-Deklination – jedenfalls noch nicht.

Ein anderes Beispiel (es ist uns bereits in Kapitel 3 begegnet) – *weil* im Nebensatz: *Ich kann nicht kommen, weil ich habe keine Zeit.* Der eigentliche Nebensatz wird hier wie ein Hauptsatz gestellt, also mit dem Verb in zweiter Position anstatt am Satzende. Das Phänomen ist schon recht alt. Noch im 16. Jahrhundert gab es beide Verbstellungen, erst im 18. und 19. Jahrhundert wurde die heute als korrekt empfundene Form kodifiziert.[9] Die neue Form ohne Verbendstellung weitet sich aber auch aus: *Ich werde nicht kommen, obwohl ich hätte eigentlich Zeit.* Das heißt aber nicht, dass sie richtig ist. Im schriftdeutschen Standard ist sie falsch, weil sie die Regel der Verbendstellung des Nebensatzes nach den unterordnenden Konjunktionen *weil* und *obwohl* verletzt. Gewiss kann man als Freund sprachlichen Wandels dieses falsche *weil* verteidigen, und es stimmt ja auch, dass es häufig zu hören ist; es bleibt aber aus Sicht der Norm eine Regelverletzung, zumal bei anderen unterordnenden Konjunktionen weiterhin die Verbendstellung im Sprachgebrauch respektiert wird, so bei *da, wenn, wenngleich, indem, sodass, damit, ob, dass.*

Ähnliches trifft auf den Gebrauch von *außer* zu, und zwar gleich in zweierlei Hinsicht. Einmal als Präposition – immer wieder hört man *außer + Nominativ* anstatt + *Dativ*. Frage: *Wer kommt mit?* Antwort: *Alle außer ich.* Frage: *Wer darf mitkommen?* Antwort: *Alle außer du.* Auch wenn sich der Gebrauch gerade bei jungen Leuten in die Richtung von *außer + Nominativ* entwickelt, wären sie schlecht beraten, dies in einem Bewerbungsschreiben anzuwenden (obwohl bereits in einer Nachrichtensendung des Deutschlandfunks zu hören war: *alle Regionen außer* ***das*** *Aosta-Tal*).

Aber vielleicht ist es nur eine Frage der Zeit, bis die neue Form so häufig verwendet wird, dass sie regulär neben die alte treten kann. Dies wäre dann ein sprachlicher Zweifelsfall. Zweifelsfälle füllen ganze Bände, so den Duden Nr. 9 mit über 1000 Seiten und 7000 Einträgen. Das Bestehen von Zweifelsfällen muss dabei nicht als Anzeichen besorgniserregender sprachlicher Ungeordnetheit gedeutet werden. Einer der besten Kenner der Zweifelsfälle im Deutschen, der Linguist Wolf Peter Klein, kommt sogar zum gegenteiligen Schluss. Kleins Regel des sprachlichen Zweifels lautet: Je komplexer, leistungsfähiger und dynamischer eine Sprache, desto wahrscheinlicher ist es, dass die Sprecher diese Vielfalt nicht in jedem Fall genau kennen, sondern »nur noch ahnen«. Es ist also keine Schwäche der Sprache, wenn Zweifelsfälle bestehen. Die Sprache bietet Vielfalt im Überfluss, daher rühren die Zweifel. Wenn viele Sprecher zweifeln, ist »schwankender Gebrauch« die Folge.

Wolf Peter Klein hat eine Reihe starker Verben zusammengestellt, bei denen die alte Form durch schwankenden Gebrauch verblasst, sodass sie vermutlich in nicht allzu ferner Zeit durch die konkurrierende schwache Form ersetzt werden wird. Wer kennt noch sicher diese starken Formen der Vergangenheit: *dreschen – drosch; glimmen – glomm; melken – molk; scheren – schor; sieden – sott.* Beim Verb *schwören* hört man kaum noch die starke Form *schwor,* sondern die schwache Form *schwörte.*[10] Erstaunlich ist es allerdings schon, wenn in den Morgennachrichten und in einer Sendung des Deutschlandfunks kurz nacheinander gleich zwei Verben falsch konjugiert werden: Es sei etwas *abgewägt* worden; und es müsse eine Institution *geschliffen* werden. Korrekt wären hier zum einen das starke *abgewogen* und zum anderen das schwache *geschleift.*

Schwankender Gebrauch wie im Falle der oben genannten Beispiele interessiert die Sprachbeobachter naturgemäß besonders. Den Sprachbenutzer aber verunsichert er, sodass er die Sprachberatung des Duden befragt. Rund 40 000 Anfragen erreichen sie jährlich. Gut, dass diese Zweifelsfälle systematisch gesammelt werden, dass sie erfasst sind, und schließlich, dass sie erläutert und kommentiert werden. Gut aber auch, dass nicht alles in Zweifel gezogen werden muss! So zum Beispiel nicht, dass *entgegen* ***des*** *Hauses* ein Hyperkorrektismus oder *entsprechend* ***des*** *Vertrages* ebenfalls ein gut gemeinter, aber leider doch falscher Genitiv ist. Bei *entsprechend* ist inzwischen in studentischen Arbeiten kaum noch der korrekte Dativ zu lesen. (Manchmal beschleicht einen daher der Zweifel, ob Bastian Sicks Befürchtung, der Dativ sei »dem Genitiv sein Tod«, nicht eher umgekehrt gelten müsste.)

Trotz häufig falschen Gebrauchs bleibt auch der sinnvolle Unterschied zwischen *anscheinend* und *scheinbar* in Kraft. Zwar wird er in meiner Heimatstadt Köln ohne größeren Schaden nicht gemacht, denn dort gibt es nur *scheinbar,* wobei den Kölner auch der pure Schein nicht von seiner heiteren Lebensart abzubringen vermag. Aber es ist eben doch in der Perspektive des Sprechers ein schwerwiegender Unterschied, ob jemand nur *scheinbar,* also vermutlich *eher nicht,* oder *anscheinend,* also vermutlich *doch* eine Tat begangen hat.

Und auch der Unterschied zwischen *das gleiche* und *dasselbe* bleibt trotz verbreiteter Unkenntnis als Norm in Kraft, denn die Frage, ob mein Nachbar meint, *dasselbe* Fahrrad wie ich zu besitzen oder nur *das gleiche,* entscheidet darüber, ob wir unsere Nachbarschaft freundschaftlich fortsetzen können oder nicht. Wenn der Unterschied dereinst fiele, wäre es ein echter Verlust an sprachlicher Differenzierung.

Kommen wir aber zu *außer* zurück: Zu bemerken ist eine weitere fehlerhafte Verwendung von *außer* als Konjunktion. Immer wieder hört man: *Ich komme dich gern besuchen,* ***außer*** *du hast keine Zeit.* Oder: *Du kannst gern mitfahren,* ***außer*** *der Wagen ist wieder mal kaputt.* Als Konjunktion ist *außer* nicht korrekt. Hier müsste es jeweils heißen: *es sei denn* oder *außer dass.* Aber *außer* ist kürzer und einfacher – und scheint deshalb als Konjunktion gerade *es sei denn* und *außer dass* zu verdrängen. Es bleibt aber falsch; es sei denn, dass die Sprachgemeinschaft insgesamt dem Trend folgt und sich Grammatiker entscheiden, die ursprünglich regelwidrige Verwendung als neue Regel anzuerkennen. Das kann aber nur geschehen, wenn tatsächlich der Trend weg von der bisher so prägenden Verbendstellung im deutschen Nebensatz unaufhaltsam scheinen sollte. Und das wiederum ist längst nicht der Fall, vermutlich weil die grammatische Besonderheit der Verbendstellung ein strukturelles Merkmal der deutschen Sprache ist, das man durch Regelverstöße nicht einfach abschaffen kann. Noch also haben die Grammatiker die Verbendstellung zu Recht als Regel aufgestellt. Der Lehrsatz des Sprachwissenschaftlers Rudi Keller »Die Fehler von heute sind die Normen von morgen« stimmt nicht immer. Offenbar haben die strukturellen Eigenschaften der Sprache doch eine große Beharrungskraft.

Da im Übrigen heutzutage riesige elektronische Wörtersammlungen (Korpora) vorliegen, muss es nicht der sogenannten »anekdotischen Evidenz« überlassen bleiben, zu beurteilen, ob sich bei einem sprachlichen Phänomen ein neuer Gebrauch herausbildet oder nicht. Henning Lobin, Direktor des Leibniz-Instituts für deutsche Sprache in Mannheim – er ist Sprachwissenschaftler *und* Informatiker –, hat auf die faszinierenden neuen Möglichkeiten einer genaueren Messung sprachlicher Veränderungen hingewiesen.[11]

Die grammatische Norm darf sich in der Tat nicht zu weit von der gesprochenen Sprache, vom Sprach*gebrauch,* entfernen, sie muss eine zu große Spreizung vermeiden.

Tut sie es doch, läuft sie Gefahr, dass die von ihr beschriebenen Normen kaum noch durchsetzbar sind, sich also umgekehrt der tatsächliche Sprachgebrauch immer mehr von der Norm entfernt. Der Direktor der »Komödie« in Frankfurt, Claus Helmer, sagte einmal treffend: »Wenn man sich vom Publikum entfernt, entfernt sich das Publikum.«

Freilich bewirkt die in der Schule unterrichtete Grammatik durch ihre Verbindlichkeit, dass der Sprachwandel in seiner natürlichen Spontaneität nicht unvermittelt zur Norm wird, sondern in einem Filterprozess gebremst wird. Das hat seinen Sinn. Denn nicht alles, was tagtäglich an Gelegenheitsbildungen erfunden wird, kann und muss Teil der Norm werden. Man kann diese verlangsamende Wirkung der Norm beklagen. Allerdings sorgt die Norm mit einer im Allgemeinen vernünftigen Beharrungskraft dafür, dass wir als Sprachgemeinschaft den Bezug zu früheren Sprachzuständen nicht vollends verlieren.

Es ist sinnvoll, dass wir bei allem notwendigen und interessanten Sprachwandel die historischen Dimensionen der Sprache nicht kappen. Beispielsweise hat sich die Schriftnorm seit der Goethezeit nicht so verändert, dass wir den großen Dichter nicht mehr lesen könnten. Vielmehr werden seit Generationen dessen »Faust« wie auch Kleists »Prinz von Homburg« oder Lessings »Ringparabel« in der Oberstufe gelesen. Die auf der Grammatik fußende deutsche Schriftsprache macht es möglich. Sie begünstigt den Überlieferungszusammenhang mit älteren Sprachzuständen. Wie schön und gut, dass wir die Werke früherer Zeiten, von der Lutherbibel bis zu den Werken der Klassik, noch lesen und verstehen können. Der gut beschriebenen Grammatik sei Dank!

Siebter Vorzug: verfeinert als Literatur- und Bildungssprache

Lasst uns nun sehen, was im Ausdruck angemessen ist.

Cicero

Richtiges Deutsch zu sprechen und zu schreiben, ist nicht alles. Die deutsche Sprachtradition bietet einen großen Formenreichtum zur Verfeinerung des Ausdrucks, ob wir nun eine Begebenheit in nüchterner Berichtsform, in lebendiger Schilderung oder auch in literarisch-dichterischer Form darstellen wollen.

Eine Sprache zu beherrschen, bedeutet zuallererst, ihre grammatischen Strukturen zu kennen und sich einen ausreichenden Wortschatz anzueignen. Aber dazu gehört noch mehr. Wir müssen wissen, wie wir die sprachlichen Formen, die wir gelernt haben, *angemessen* einsetzen, so also, dass unser Gegenüber unsere Mitteilungsabsicht versteht. Ob wir von *finanziellen Mitteln* sprechen oder von *Zaster, Mäusen, Penunsen, Kohle, Schotter* oder *Kies* ändert zwar nichts an unserem Gesprächsgegenstand Geld, wohl aber an der Wirkung unserer Aussage auf den anderen. Ob wir, wenn wir von unserem Vater sprechen, *mein alter Herr* oder *mein Alter* sagen, lässt auf bestimmte soziale Prägungen schließen.

Wie wir an diesen Beispielen sehen, bietet uns die deutsche Sprache verschiedene Stilschichten an, gehobene, mittlere, einfache, vulgäre. Sie alle haben ihre funktionale Berechtigung: So dürfte es wohl als gespreizt empfunden werden, wenn ein Studienanfänger im Fach Erziehungswissenschaften gegenüber seinen neuen Kommilitonen von seinem Vater als *meinem alten Herrn* spräche. Umgekehrt wäre ein *Megakrass, die Speech!* als Reaktion auf eine Trauerrede deplatziert, auch wenn es sich um einen grammatikalisch korrekten Ausruf handelt. Gutes Deutsch ist also mehr als nur richtiges Deutsch. Es ist zumindest *angemessenes* Deutsch. Mit der Angemessenheit befasst sich die Stilistik. Was man vor dem Hintergrund sprachlicher Gebrauchskonventionen als angemessen bewertet, ist das, was man guten Stil nennt.

Vorstellungen über guten und schlechten Stil unterliegen dem gesellschaftlichen Wandel. Und dennoch gibt es zu jeder Zeit unterschiedliche Stilebenen, aus denen wir auswählen können. Damit das möglich ist, stellt uns unsere

Sprache, wie oben gezeigt, beispielsweise gleichbedeutende Wörter mit unterschiedlichem stilistischem Ausdruckswert zur Verfügung: die Synonyme. Auch im Bereich des Satzbaus können wir zwischen einfachen Sätzen und komplexen Satzgefügen wählen. Wir können umgangssprachliche und dialektale Formen verwenden. Wir können mit dem Rhythmus der Sprache spielen, sie also auch nach klanglichen Gesichtspunkten verwenden. Wir können die klangliche Ebene sogar so deutlich in den Vordergrund stellen, dass sie ihre in der normalen Verständigung vorherrschende Unauffälligkeit vollends verliert und uns ihre klangliche Materialität bewusst wird. Alliterationen, Reime und Metrum in der Dichtung sind Beispiele dieser künstlerischen Verwendung unserer Sprache, die sich bewusst von der Routine der Alltagssprache abhebt.

Literatursprache: Freiheit des Ausdrucks auf der Grundlage des Standards

Literatur und Dichtung können *alle* Ressourcen der Sprache einsetzen, während andere, funktional-zweckgerichtete Sprachstile nur einen Ausschnitt aus der ganzen Fülle stilistischer und rhetorischer Möglichkeiten wählen. So die Sprache der Verwaltung: Ihr geht es gerade nicht um Ausdrucksstärke, sondern um kontextfreie Eindeutigkeit. Der Sprachstil eines Protokolls soll sich nicht ästhetisch auffälliger Formen bedienen, sondern präzise zur Sache kommen. Weil diese sogenannten Funktionalstile eine Auswahl oder, anders gesagt, eine bewusste Einschränkung der Ausdrucksfülle der Sprache vornehmen, kann man umgekehrt die Sprache der Literatur als den *Ausgangspunkt* aller Sprachstile und nicht etwa als die Abweichung von einem normalen Stil bezeichnen.[1] Durch die ästhetisch geprägte Ausdrucksart bietet das Literarisch-Dichterische gegenüber den Sprachstilen des täglichen Umgangs jene Freiheit des Ausdrucks, die bei anderen Stilarten eben wegen ihrer Zwecksetzung eingeschränkt ist.[2] Andererseits trifft auch zu, was der Grammatiker Peter Eisenberg sagt: »Ohne die Standardsprache geht das nicht. Es ist das Fundament für die Literatur.«[3]

Die Literatur fußt auf der Standardsprache, aber sie ist frei, darüber hinauszugehen. Gewiss denken wir wahrscheinlich zunächst an die ausgereifte Sprachform der Weimarer Klassik und dabei unwillkürlich an den großen Sohn Frankfurts, doch gerade Goethe setzte sich zunächst in seiner von Leidenschaft geprägten Geniesprache des Sturm und Drang mit Ausrufen, Satzabbrüchen und Wiederholungen über die sprachliche Stubengelehrsamkeit blutleerer Philister hinweg.

In der Literatur ist die ganze Fülle sprachlichen Ausdrucks grundsätzlich verwendbar. Sie ist offen für die Befassung mit allen Lebensverhältnissen. Stilistisch reicht sie von höchst verfeinerten Formen bis zur sprachlichen Schlichtheit.

Für stilistisches Raffinement, oft gepaart mit feiner Ironie, steht Thomas Manns Roman »Der Zauberberg«. Die Streitgespräche zwischen dem Humanisten Settembrini und dem revolutionär-verschwörerischen Naphta gehören zu den Glanzpunkten literarischen Stils; so ein brillantes Rededuell über Wert und Unwert der Literatur. Settembrini macht schwärmerisch den Aufschlag mit einem Plädoyer für die Literatur:

»Er [der Geist der Literatur] war es, der das Verständnis für alles Menschliche weckte, die Schwächung und Auflösung dummer Werturteile und Überzeugungen betrieb, die Sittigung, Veredelung und Besserung des Menschengeschlechtes herbeiführt. Indem er die äußerste moralische Verfeinerung und Reizbarkeit schuf, erzog er, fern davon, zu fanatisieren, zugleich zum Zweifel, zur Gerechtigkeit, zur Duldung.«

Doch auch Naphta ist, wie der Erzähler sagt, »nicht auf den Mund gefallen«:

(…) er wußte das englische Halleluja durch schlimme, glänzende Einwände zu stören, indem er sich zur Partei der Erhaltung und des Lebens schlug gegen den Geist der Zersetzung, welcher sich hinter jener seraphischen Gleisnerei verberge. Die Wunderverbindung, von welcher Herr Settembrini tremoliert habe, hieß es nun, laufe auf nichts als Trug und Gaukelspiel hinaus, denn die Form, die der literarische Geist mit dem Prinzip der Untersuchung und Trennung zu vereinigen sich rühme, sei nur eine Schein- und Lügenform, keine echte, gewachsene, natürliche, keine Lebensform.

In Satzbau und Wortwahl greifen die berühmten Wortgefechte im »Zauberberg« auf den großen Schatz literarischer Verfeinerungen zurück, sodass die Rededuelle nicht nur ein geistiges, sondern auch ein sprachliches Vergnügen sind. Wörter wie die sprachlich veraltete *Sittigung* sind ungewöhnlich, aber verständlich; die altdeutsch anmutende *Gleisnerei* wird verbunden mit dem fremd wirkenden *tremolieren*. Die indirekte Rede erzeugt intellektuelle

Distanz und – bei aller oratorischen Leidenschaft – Vornehmheit.

Ganz anders hingegen gestalten sich im »Zauberberg« die Auftritte des holländischen Kaffeekönigs Mijnheer Peeperkorn, der sich immer wieder von Gefühlsausbrüchen davontragen lässt, sodass er keinen einzigen seiner Sätze vollendet.

> »Meine Herrschaften. – Gut. Alles gut. Er-ledigt. Wollen Sie jedoch ins Auge fassen und nicht – keinen Augenblick – außer acht lassen, daß – Doch über diesen Punkt nicht weiter. Was auszusprechen mir obliegt, ist weniger jenes, als vor allem und einzig dies, daß wir verpflichtet sind – daß der unverbrüchliche – ich wiederhole und lege alle Betonung auf diesen Ausdruck – der unverbrüchliche Anspruch an uns gestellt ist. Nein! Nein, meine Herrschaften, nicht so! Nicht so, daß ich etwa – Wie weit gefehlt wäre es, zu denken, daß ich – Er-ledigt, meine Herrschaften! Vollkommen erledigt. Ich weiß uns einig in alldem, und so denn: zur Sache!«

Ein Meister der verdichteten Schilderung ist Stefan Zweig. In seiner Erzählung »Der Kampf um den Südpol« beschreibt er die Lage zu Beginn des 20. Jahrhunderts folgendermaßen:

> Das zwanzigste Jahrhundert blickt nieder auf geheimnislose Welt. Alle Länder sind erforscht, die fernsten Meere zerpflügt, Landschaften, die vor einem Menschenalter noch selig frei im Namenlosen dämmerten, dienen schon knechtisch Europas Bedarf; bis zu den

> Quellen des Nils, den langgesuchten, streben die Dampfer; die Viktoriafälle, erst vor einem halben Jahrhundert von einem ersten Europäer erschaut, mahlen gehorsam elektrische Kraft, die letzte Wildnis, die Wälder des Amazonenstroms, ist gelichtet, der Gürtel des einst jungfräulichen Landes, Tibets, gesprengt.

Und wenig später:

> Aber ein letztes Rätsel hat ihre Scham noch vor dem Menschenblick bis in unser Jahrhundert hinein geborgen, zwei winzige Stellen ihres zerfleischten und gemarterten Körpers gerettet vor der Gier ihrer eigenen Geschöpfe. Südpol und Nordpol (…).

Diese Kunst der erzählerischen Zuspitzung bis zu einem Höhepunkt, an dem die Handlung eine neue Wendung annimmt, wie sie Zweig in seinen Novellen zur Meisterschaft brachte, wendet er hier auf die Geschichte an. Parallelkonstruktionen des Satzbaus erzeugen durch ihre Reihung eine steigernde Wirkung, und gespannt erwartet der Leser, von dem noch unentdeckten Land zu erfahren. Die verdichtete Erzählweise hat Zweigs Erfolg begründet.[4]

Mit wenigen Strichen zeichnet Anna Seghers in ihrem Roman »Das siebte Kreuz« die von der Geschichte durchpflügte Landschaft des Taunusvorlands nach, dessen Einheimische allen Einflüssen zum Trotz ihre Eigenständigkeit bewahrt haben:

> Diese Hügel entlang zogen die Römer den Limes. So viele Geschlechter waren verblutet, seitdem sie die Sonnenaltäre der Kelten hier auf den Hügeln verbrannt hat-

> ten, so viele Kämpfe durchgekämpft, dass sie jetzt glauben konnten, die besitzbare Welt sei endgültig umzäunt und gerodet. Aber nicht den Adler und nicht das Kreuz hat die Stadt dort unten im Wappen behalten, sondern das keltische Sonnenrad (...).

Und wenig später heißt es:

> Hier riß die Wildnis, da, wo jetzt Ernst aus Schmiedtheim bei den Schafen steht, ein Bein vorgestellt, einen Arm in der Hüfte, und ein Zipfelchen seines Schals steht stracks ab, als wehe beständig ein Wind. In dem Tal in seinem Rücken, in der weichen verdunsteten Sonne, sind die Völker gargekocht worden. Norden und Süden, Osten und Westen haben ineinandergebrodelt, aber das Land wurde nichts von alledem und behielt doch von allem etwas.

Und am Schluss der Passage:

> Und so stolz steht der Schäfer da, so vollkommen gleichmütig, als wüßte er all das und stünde nur darum so da, und vielleicht, wenn er auch nichts davon weiß, steht er wirklich darum so da.

Wohl kaum kann ein Geschichtsbuch in wenigen Sätzen so eindringlich den Zugriff der großen Geschichte auf einen Landstrich und doch auch die unerschütterliche Würde einfacher Menschen im Sturm der Zeitalter darstellen. Die Sprache der Literatur mit ihren Perspektivwechseln vermag es.

In dem autobiografischen Roman »Das verborgene

Wort« von Ulla Hahn geht das Kind mit dem Großvater am Ufer des Rheins entlang.

> Ganz wie die Menschen sprach der Rhein. Milde, wenn der Wind ihn nur leicht bewegte, herrisch und aufbrausend, wenn die Schleppkähne, berghoch mit Kohle beladen, stromaufwärts tuckerten und ihre Wellen die verbotenen schwarzen Steinhaufen überspülten.

In nur zwei Sätzen ist die Stimmung eingefangen und vermittelt sich uns unmittelbar aus der Sicht des Kindes. Anschauliche Sprachbilder lassen uns den besonderen Augenblick nachempfinden.

Die Sprache der Literatur kann auf die sprachlichen Möglichkeiten solcher Sinnübertragungen freier und leichter zurückgreifen als andere Sprachschichten. Ein schönes Beispiel eindringlicher literarischer Schilderung ist die folgende Szene aus dem Roman »Schlafes Bruder« von Robert Schneider. Der kleine Elias Alder wächst in einem Dorf in Voralberg auf. Sein musikalischer Genius wird von den Dorfbewohnern verkannt. Auf einer Wanderung widerfährt dem Jungen die Offenbarung seines Hörens:

> Da ging es, das sonderbare Kind, stapfte durch die nebelverfrorene Landschaft. Es wanderte eine halbe Stunde oder mehr, umkletterte geschickt den ersten Wasserfall, dann den zweiten. Auf seiner Wanderung musste es oft innehalten, weil es sich nicht satt hören konnte am sirrenden Ton der Eisflocken, die allerorten von den Zweigen rieselten. Ausgelassen vor Übermut spitzte Elias die schweren, sperrigen Lederhandschuhe in den gefrorenen Schnee. Und der Harsch wirbelte in

> tausend Funken auseinander, wisperte und zirpte in so mannigfaltigen Klängen, wie solches Elias noch nie gehört hatte.

Und wenig später heißt es:

> Dann geschah das Wunder. An diesem Nachmittag hörte der fünfjährige Elias das Universum tönen.

Eindringliche Lautmalereien bereiten die Offenbarung der außergewöhnlichen Begabung vor.

Wie wir an den literarischen Beispielen sehen, nutzen sie den Reichtum der deutschen Sprache in besonderer Weise: durch ungewöhnliche Sprachbilder, durch Lautmalerei, durch auffällige Satzkonstruktionen. Die Literatur darf, soll und will uns nicht nur zerebral ansprechen, sondern mit allen Sinnen. Ihre ästhetische Wirkung beruht auf dem schöpferischen Umgang mit der Sprache. Die Sprachdidaktikerin Gerlind Belke hat den Unterschied der Literatursprache zu anderen Sprachschichten treffend zusammengefasst: »Während der kommunikativ-funktionale Gebrauch der Sprache sich auf den Zweck der sprachlichen Äußerung richtet, weniger auf die sprachlichen Mittel, lenken poetische Texte (…) die Aufmerksamkeit auf sprachliche Strukturen.«[5]

Die Erschließung des Ausdrucksreichtums unserer Sprache ist ohne literarische Leseerlebnisse nicht denkbar. Deshalb gehört die Sprache der Literatur unbedingt zur sprachlichen Bildung in der Schule und im Elternhaus. Zumal die Literatur, wie Jürgen Trabant es mahnend schreibt, eben nicht das Andere der Sprache ist, sondern »die Sprache selbst«.

Deshalb ist im Übrigen auch die öffentlich geführte und viel diskutierte Klage einer deutschen Gymnasiastin, sie könne am Ende ihrer Schulzeit zwar Gedichte in mehreren Sprachen interpretieren, nicht aber einen Mietvertrag lesen, durchaus unberechtigt. Von den schöpferischen Freiheiten dichterischen Ausdrucks wird sie noch früh genug zu den einschränkenden Gebrauchsstilen des Alltagslebens kommen, und es dürfte ihr leichter fallen, wenn sie zuvor die ganze Fülle des sprachlichen Ausdrucks an literarischen Beispielen ansatzweise erfahren hat.

Ist uns ein gehobenes Sprachniveau etwas wert? Eines, das den Reichtum unserer Sprache auslotet und intensiver nutzt als die funktionalen Sprachgebräuche (die selbstverständlich auch ein Anrecht auf Beachtung haben)? Wollen wir ihm einen Vorrang vor den kommunikativen Formen des Alltags einräumen? Oder wollen wir alles als gleichrangig betrachten? Sollten wir die Ausdrucksformen der Literatursprache kennen, damit wir sie als Leser genießen und womöglich auch selbst einmal einsetzen können? Ich meine ja, denn sie haben uns so viel zu bieten.

Humanistischer Zitatenschatz

Zu einem gehobenen Sprachniveau können wir auch den Zitatenschatz des europäischen Humanismus rechnen, wie er im klassischen deutschen Bildungswortschatz noch auffindbar ist. Der Sprachwissenschaftler Gerhard Augst hat Auszüge aus dem *klassischen* Bildungswortschatz zusammengestellt, wie er noch aus der Bildungstradition des humanistischen Gymnasiums überliefert wurde, aber bereits verblasst.[6]

Schade eigentlich! Und deshalb sei er hier gewürdigt.

»Es gibt Wörter, deren Bedeutungen wie Sedimente kulturgeschichtliche Entwicklungsphasen angeben«, schreibt der Latinist Manfred Fuhrmann über den »europäischen Bildungskanon«.[7] In dem genannten klassischen Bildungswortschatz von Gerhard Augst finden sich denn auch Ausdrücke aus der Überlieferung der griechischen Antike, so das *Damoklesschwert*, die *Sisyphusarbeit* oder die *Tantalusqualen*. Ist es verwerflich, Versatzstücke der Antike zu pflegen und damit einen Anflug von historischer Kontinuität zu wahren? Es finden sich bei Augst auch biblische Zitate, die in ihrer sprachlichen Verdichtung selbst kleine Kunstwerke sind, wie der *Tanz ums goldene Kalb*, *David gegen Goliath* oder *das Land, wo Milch und Honig fließen*. Auch Ausdrücke aus der europäischen Geschichte fehlen nicht wie der *Gang nach Canossa*, das *Ei des Kolumbus* oder der *Rütlischwur*. Ist es nicht erstrebenswert, das eine oder andere aus diesem über Jahrhunderte gesammelten und so vielfältig einsetzbaren bildungsbürgerlichen Zitatenschatz zu bewahren? Ist es von Nachteil, Schillers »Wilhelm Tell« zu kennen? Hat uns dieser konservative Rebell nicht auch heute etwas zu sagen? Sollten wir die Metapher des *Gesslerhuts* vielleicht auch heute noch kennen? »Matthäus 23!«, möchte man ausrufen: das eine tun, das andere nicht lassen. Die pragmatische Wende der 1970er-Jahre hin zu den Gebrauchstexten als Schullektüre kann doch durchaus gemeinsam mit den raffinierten Verfeinerungen der literarischen Klassiker zu ihrem bildungspolitischen Recht kommen!

Jedenfalls steht der klassische Bildungswortschatz und stehen Formen der klassisch-humanistischen Stilschicht immer noch zum anspielungsreichen Gebrauch zur Verfügung. Und wenn sie als Essenz im Unterricht vermittelt werden, müssen sie gar nichts Ausschließendes an sich haben. Dass es sich dabei im Übrigen durchaus nicht um eine rein deutsche, sondern um eine europäische Angelegenheit handelt, macht die Akzeptanz dieses Zitatenschatzes vielleicht leichter. Die alten Sprachen waren ja Teil der Bildungsbewegung der Renaissance, genauer des Renaissance-Humanismus. Sie sollten den Eintritt in die Geisteswelt der Antike ermöglichen. In jene antike Welt, die man sich als eine Verbindung von Wissen und Tugend vorstellte, in eine Welt der Bildung und der Persönlichkeitsbildung des schöpferischen Individuums: *humanitas*, also Menschlichkeit, auch Menschenfreundlichkeit, als humane Grundhaltung und als ausgeprägt sprachliche Bildung.

Manfred Fuhrmann hat immer wieder für die Bewahrung der europäischen Sprachtradition plädiert. Progressive Bildungskritiker, die heute einer ökonomischen Zurichtung der Bildung misstrauisch gegenüberstehen, müssten eigentlich der humanistischen Bildungstradition, die sich im 19. Jahrhundert von utilitaristischen Bildungskonzepten scharf abgrenzte, durchaus Sympathie entgegenbringen …

Die Sprachorientierung des Humanismus ist ein Bildungserbe. Dessen Verbindung mit dem Emanzipationsversprechen der Aufklärung verweist auf das Bildungsziel, durch anspruchsvolle sprachliche Bildung die Menschen zu schöpferischen Persönlichkeiten heranzubilden, die über den Reichtum ihrer Sprache souverän verfügen können.

Deshalb sollte das gehobene Sprachniveau des Deutschen möglichst in der Breite vermittelt werden. Wie gern im Übrigen Schulkinder gerade mit literarischen Texten arbeiten und selbst künstlerische Techniken eigenständig ausprobieren, ist aus der Schuldidaktik hinreichend bekannt.

Das Deutsche als Bildungssprache

Die deutsche Sprache stellt uns neben der Literatursprache auch ein ausgefeiltes Instrumentarium zur Aneignung und Weitergabe von Wissen zur Verfügung: die Bildungssprache. Der Begriff »Bildung« ist hier recht eng gefasst. Es geht dabei um bestimmte Stilzüge, die es uns erlauben, verallgemeinerbare Erkenntnisse in Sprache zu fassen, sie dadurch auch zu verstehen und an andere zu vermitteln. Am Übergang von den Fachsprachen zur Alltagssprache, an dieser wichtigen Schnittstelle, die den Kenntnis- und Bewusstseinsstand einer aufgeklärten Gesellschaft sichert und prägt, bietet sich das Bildungsdeutsch vermittelnd an: ein großer Vorzug – vielleicht nicht gerade beglückend in seiner formalen Strenge, aber überaus nützlich.

Nur etwa 300 der Sprachen der Welt, knapp 5 Prozent, sind Unterrichtssprachen, werden also in offiziellen Bildungsinstitutionen wie Schulen und Hochschulen verwendet. Eine Sprache im Unterricht zu lehren heißt, ihre Regularitäten zu vermitteln. Sinn der schulischen Sprachvermittlung ist die bestmögliche Beherrschung der deutschen Sprache, damit eine aktive Mitwirkung in der Gesellschaft begünstigt wird, welche wiederum auf der Fähigkeit zu angemessenem Sprachgebrauch fußt. Das Deutsche soll als Bildungssprache vermittelt werden.

Grundlage der Bildungssprache ist zunächst die Sprachrichtigkeit; aber darüber hinaus auch das Stilniveau, die Art, *wie* wir etwas sagen oder schreiben. Denn wie wäre es, wenn wir gar keine Vorstellung von *stilistischer Angemessenheit* unserer Sprache in den verschiedenen Situationen hätten, in denen wir die Sprache gebrauchen? Wie wäre es, wenn wir in den Wissenschaften ausschließlich die Alltagssprache gebrauchten; wenn wir keinen Unterschied zwischen Umgangssprache und der Sprache der Wissenschaften, der Verwaltung oder auch der Gesetze machten? Wie präzise wäre unsere Sprache? Oder wie ungenau? Wie viele Missverständnisse würden zusätzlich zu den ohnehin nicht wenigen entstehen, mit denen wir täglich zu tun haben? Man möchte es sich nicht ausmalen.

Bildungsdeutsch umfasst präzises und differenziertes Deutsch. In dem Schülersatz

> Der Faust ist schon **echt krass.**

ist grammatikalisch alles richtig und auch alles richtig geschrieben. Gleichwohl erkennen wir auf einen Blick den Stilbruch: *Krass* als Adjektiv in einer literarischen Analyse fällt aus dem Rahmen. Dem Schüler fehlte es an stilistischem Wissen – oder aber er beging den Stilbruch in bewusster Flapsigkeit.

Ähnlich verhält es sich mit der studentischen Aussage:

> Die Rednerin hat alle ihre Argumente in die Waagschale **geschmissen**.

Offenbar kannte der Student die Redensart nicht vollständig, und es fehlte ihm wohl auch das stilistische Wissen, dass *schmeißen* in einem wissenschaftlichen Zusammenhang nicht die passende Stilschicht sein kann. Er hatte eine bildungssprachliche Wissenslücke. Dabei hatte er die Wahl zwischen den gleichbedeutenden, aber stilistisch einer anderen Schicht angehörenden Verben *werfen* und *schmeißen*.

Ein weiteres Beispiel etwas anderer Art ist die folgende Aussage einer Studentin in einem schriftlichen Referat:

> **Ich bin der Meinung**, dass die These falsch ist.

Auch hier ist grammatikalisch alles richtig. In einem wissenschaftlichen Text geht es aber nicht in erster Linie um die persönliche Meinung, sondern um eine unpersönliche Gegenthese. Sie muss aus der Plausibilität von Argumenten, aus bewiesenen Tatsachen oder auch naturwissenschaftlichen Experimenten hergeleitet sein. Sie muss im Übrigen auch die Möglichkeit ihrer Widerlegung durch andere miteinbeziehen. Es geht also darum, begründbare Erkenntnisse und bewiesene Fakten zu beschreiben und diese Beschreibung anderen zu vermitteln, sodass sie verstanden werden kann. Die persönliche *Meinung* ist jedem unbenommen – allerdings reicht sie eben in einem theoretischen, wissenschaftlich geprägten Zusammenhang nicht aus, weder zum Gewinnen von Erkenntnis noch zur Beschreibung, ja sie ist geradezu unerwünscht, denn es geht nicht um anekdotische Evidenz oder persönliche Betroffenheit.

Der Studentin fehlte also offenbar die Kenntnis dieser strengeren Bedingungen für die Formulierung ihres Satzes – oder auch sie setzte sich bewusst darüber hinweg. Sie hätte stattdessen schreiben sollen, dass Argument a oder Faktum b oder Experiment c darauf hindeute, dass die besagte These falsch sei. Es geht um objektiv-allgemeine Richtigkeit oder Falschheit. Allein die Aussage *Die These ist falsch* wäre passender gewesen. In den Wissenschaften sollen wir von uns selbst absehen und zu allgemeinen Erkenntnissen und Urteilen kommen. Dafür stehen uns die wissenschaftlichen Fachsprachen zur Verfügung. Zur Vermittlung entsprechender Erkenntnisse an ein größeres Publikum setzen wir die Bildungssprache ein, die sich aus den Wissenschaften speist und uns als besondere Stilschicht ausgearbeitet zur Verfügung steht.

Wie eine eher erlebnishafte subjektive Aussage in eine verallgemeinerbare Regelaussage umgewandelt wird, zeigt ein Beispiel aus den Fachsprachen: Aus dem Ausgangssatz

> Als ich die Flüssigkeit abgoss, sah ich einen braunen Bodensatz

wird die verdichtete, sachlich-unpersönliche Aussage

> Nach Abgießen der Flüssigkeit ist ein brauner Bodensatz zu sehen.[8]

Man könnte noch einen Schritt weiter gehen:

> Nach Abgießen der Flüssigkeit verbleibt ein brauner Bodensatz.[9]

Man sieht, wie die Sprache hier verdichtet ist. Der ursprüngliche Nebensatz *(als ich die Flüssigkeit abgoss)* wird in einer Nominalgruppe *(nach Abgießen)* zusammengezogen. Das Ergebnis ist ein einfacher Hauptsatz, der aber inhaltlich komplex ist. Man entlastet die Aussage von der Komplexität des Satzbaus durch Verdichtung. Solche Verdichtungen sind nicht nur sprachliche Technik, sondern dienen dem Ausdruck verallgemeinernder Erkenntnis. Sie münden in Regelaussagen.

Schon in der Schule lernen wir die ersten Techniken der differenzierten Analyse durch sprachliche Mittel kennen. Wir lernen das präzise Beschreiben durch Sprache: wie sich etwas *gliedert,* welche *Abfolgen* wir beobachten, was zuerst kommt, was danach folgt, in welchen *räumlichen Dimensionen* sich etwas bewegt. Wir lernen das *Vergleichen:* Was unterscheidet sich, was ähnelt einander? Aus unseren sprachlich erfassten Beobachtungen entwickeln wir eine Hypothese, indem wir sagen, was woraus *folgt, sodass* dies zu der gewählten Hypothese *führt.* Wir lernen das *Erörtern* einer Hypothese mit den Grundformen *dafür spricht – dagegen spricht* oder auch *einerseits – andererseits.*[10]

Erst nach dieser sprachlich gegliederten Abwägung fällen wir unser Urteil, gestützt auf eine einleuchtende Argumentation oder – im naturwissenschaftlichen Bereich – auf das Experiment. Dafür stellt uns unsere Sprache einen hilfreichen Sprachschatz zur Verfügung. Es sind sprachlich-kognitive Bausteine des Sprachdenkens, über die wir verfügen können – wenn wir denn an vernünftigem Sprechen interessiert sind (für das *un*vernünftige Sprechen steht uns, das sei gleich beruhigend hinzugefügt, ohnehin reichhaltiges Material zur Verfügung).

Bei den beschriebenen Vorgängen geht es nicht nur um sprachliches Wissen; sondern die genannten sprachlichen Formen führen uns zugleich in elementare Formen des Denkens ein: Wir lernen anhand der Begriffe zu erkennen, dass es mehrere Seiten eines Phänomens, eines Gedankens, eines Geschehens geben kann, und dass wir sie genau untersuchen müssen, bevor wir zu einem verallgemeinerbaren Urteil kommen, das im Übrigen nicht endgültig sein kann. Beschreibung, Darstellung, Erörterung, Schlussfolgerung sind in der Wissenschaft übliche Prozeduren. Es sind zugleich wichtige *Sprachhandlungen,* deren Beherrschung auch im Alltagsleben nicht von Nachteil ist (sofern sie ohne Pedanterie und Herablassung vorgetragen werden).

Denk- und Sprachstil

Bildungsdeutsch ist also ein Denk- und Sprachstil. Er ist an der Schnittstelle zwischen den wissenschaftlichen Fachsprachen und der sachlich-erörternden Sprache, die wir in der Schule im Rahmen unserer Allgemeinbildung gelernt haben sollten, angesiedelt. Bildungsdeutsch soll den Übergang von der Wissenschaft in das Alltagsleben gewährleisten. Es hilft uns, uns die Grundtechniken schlüssigen Argumentierens als Bildungsgut anzueignen, auch wenn wir keine Wissenschaftler werden wollen, sondern wissenschaftliche Laien bleiben. Bildungsdeutsch ist gewissermaßen die Sprache vernünftigen Denkens.

Damit gehört die Bildungssprache zur gehobenen Allgemeinbildung. Sie ist deren sprachliche Grundlage. Dieses Deutsch ist nicht spontan und emotional, sondern sachlich-nüchtern, verallgemeinernd und daher auch unpersönlich. Dass in dieser Stilschicht beispielsweise das Passiv eine große Rolle spielt, ist durch die Art personenunabhängiger Regelaussagen gerechtfertigt, auch wenn wir bei anderen Gelegenheiten das Passiv eher meiden.

Einen überraschenden Vorzug führt der Sprachwissenschaftler Utz Maas vor Augen: Diese Art der Sprache befreie die Sprecher von kommunikativem Stress. Sie könnten ihre ganze Aufmerksamkeit dem grammatischen Ausbau des Darstellungsraums widmen.[11]

Man muss die Funktionalsprache nicht lieben, aber man sollte doch ihren Vorzug erkennen und anerkennen. Denn in einer von wissenschaftlichem Fortschritt stark bestimmten Gesellschaft ist es im Interesse aller, dass eine solche Stilschicht zur Verfügung steht – und in den Bildungsinstitutionen gelernt wird. Bedenken wir, dass in früheren Jahrhunderten die Bildungssprache gar nicht Deutsch war, sondern Latein und später auch Französisch, und dass es ein langer Weg zur deutschen Wissenschaftssprache und zu ihrer Vermittlung in den Alltag gebildeter Laien mittels der Bildungssprache war. Bildungsdeutsch ist eine Errungenschaft – eine Stilschicht, die nicht geschenkt, sondern geschaffen wurde.

Wie bereits ausgeführt, hat Gerhard Augst eine Sammlung von 2000 bildungsdeutschen Wörtern und Wendungen zusammengestellt. Dazu zählen auch sprachliche Verbindungsmittel, die es ermöglichen, Aussagen zueinander in Beziehung zu setzen: zuerst die Konjunktionen. Sie stellen logische Beziehungen zwischen Äußerungen her wie *da, weil, obwohl, selbst wenn, wann, sodass, damit, um zu.* Aber auch nicht direkt logische Verbindungswörter gehören in diese Reihe. Denn auch sie stellen eine Beziehung her wie *angesichts, bezüglich* oder auch das relativierende *insofern.* Hier steht im Deutschen eine ganze Armada an Ausdrücken bereit, die helfen, aus einer Satzfolge einen zusammenhängenden Text zu machen: *somit, mithin, dementsprechend, zudem, wiederum, zugegebenermaßen* und viele mehr.

Zu diesem Bildungswortschatz zählt Augst auch moderne Fachwörter aus den Wissenschaften, die den Weg in die öffentlichen Debatten gefunden haben und auf diese Weise in den Alltagswortschatz übergehen, häufig in einer weniger präzisen Bedeutung als ursprünglich: *Katalysator, Schnittstelle, DNA, Diagnose.* Sie werden auch gern im übertragenen Sinne gebraucht und erringen auf diesem Wege Attraktivität und Popularität.

Auch grammatische Besonderheiten zählen zur Bildungssprache, insbesondere die Verwendung des Konjunktivs in der indirekten Rede – ein schmerzliches Kapitel für all jene, die Protokolle durchsehen müssen; aber eigentlich ein großer Vorzug an Genauigkeit, den die Bildungssprache den Protokollanten bietet. Die Regel besagt, dass in der indirekten Rede deutlich werden soll, was jemand gesagt hat, ohne dass er direkt zitiert wird. Aus dem Satz

> Sie sagte: »Ich bin unpässlich.«

wird so

Sie sagte, sie **sei** unpässlich.

Häufig ist aber (und das gilt nicht nur für protokollähnliche Texte) fälschlicherweise die missverständliche Form zu lesen:

Sie sagte, sie **wäre** unpässlich.

Denn hier fragt man sich ja: War sie nun unpässlich, oder war es nur eine *Möglichkeit,* dass sie unpässlich war?

Dabei gilt schlicht, dass der Konjunktiv Präsens zu setzen ist, also *sei*. Es sei denn, dass sich die Präsensform des Konjunktivs nicht von der des Indikativs unterscheidet, dann wird in den Konjunktiv II übergegangen:

Er sagte: »Sie haben keine Zeit.«

wird so zu

Er sagte, sie hätten keine Zeit.

Unsicherheiten bestehen oft auch bei der indirekten Rede im Futur:

Er sagte: »Du wirst lachen.«

wird zu

Er sagte, sie werde lachen.

Oft liest man in einem solchen Fall fälschlicherweise:

Er sagte, sie würde lachen.

Anspruchsvoller ist es schon, wenn in der indirekten Rede ein Sprechakt vermittelt werden muss:

Er sagte: »Bitte schenke mir Zeit.«

wird umgewandelt zu

Er **bat**, sie **möge** ihm Zeit schenken.

Und

Er sagte: »Schenk mir Zeit!«

wird zu

Er **forderte sie auf**, sie **solle** ihm Zeit schenken.

Das richtige Protokollieren – wie überhaupt die allgemeine Verwendung der indirekten Rede – ist gleichwohl keine Geheimwissenschaft. Beides gehört zur Bildungssprache dazu, die uns dankenswerterweise die geeigneten Strukturen zur Verfügung stellt.

Verschweigen wir aber nicht, dass beim Versuch, sich bildungssprachlich auszudrücken, auch des Guten zu viel getan werden kann. Die Verbindung der Bildungssprache mit den Fach- und Wissenschaftssprachen wie auch mit der Sprache der Verwaltung und der Gesetze verführt allzu oft zu übertriebener Kompliziertheit des Ausdrucks. Auch das ist dann wieder ein Stilfehler. Im Jargon des Managements und in der Sprache der Politik finden sich immer wieder Begriffe, die fachlich klingen sollen, aber inhaltlich hohl sind, etwa Doppelungen wie *kooperative Zusammenarbeit, intuitive Eingebung, interdependentes Beziehungsgeflecht* oder auch widersinnige Blähformen wie der *zentrale Eckpfeiler*. Auch verkomplizierte Sätze, die wie ein Drahtverhau das Verständnis erschweren, machen zwar Anleihen an den Formen der Bildungssprache, entsprechen aber gerade nicht dem Anspruch, klar, unmissverständlich und sachlich zu sein. Dies trifft zum Beispiel auf den folgenden Satz zu:

> Die Projekte bilden gemeinsam betrachtet ein Geflecht synergetisch wirksamer Beziehungen, das dem im Gesamtprogramm stehenden Einzelprojekt im Verbund eine viel höhere Wirksamkeit sichert als dem isoliert realisierten Einzelprojekt.

Geht es noch umständlicher und aufgeblähter? Die schlichte Erkenntnis, um die es sich hier handelt, kann man auch ganz einfach ausdrücken:

> Ein Projekt ist wirksamer, wenn es im Verbund umgesetzt wird, als wenn es isoliert stattfindet.[12]

Für derartige Übertreibungen kann aber die Bildungssprache selbst nichts.

Eleganz auch in Sachtexten

Es ist leider keine ausgeprägte deutsche Tradition, in Sachtexten, schon gar in wissenschaftlichen Texten, elegant zu formulieren. Die von Baldassare Castiglione im 16. Jahrhundert geprägte *sprezzatura* – man könnte sie mit *Anmut* übersetzen – hat den Weg von Italien über die Alpen nur selten gefunden, und auch die Klarheit, derer sich die Franzosen rühmen, die *clarté*, sucht man in vielen deutschen Texten vergebens. Müssen Sachlichkeit und Eleganz einander ausschließen? Gut gegliederte und geschmeidig formulierte Sach- und Wissenschaftsprosa liest sich auch in deutscher Sprache leichter. Und es gibt durchaus Wissenschaftler und Sachbuchautoren, die elegant zu formulieren vermögen. Kennzeichen guten Stils wie Klarheit, Anschaulichkeit, Folgerichtigkeit und stilistische Einheit[13] pflegen auch im deutschen Sprachbereich die guten »Erzähler« der Wissenschaften, in den Sprachwissenschaften beispielsweise die Romanisten Harald Weinrich, Hans-Martin Gauger und Jürgen Trabant. »Ausdruckslosigkeit als Stilphänomen ist immer ein Mangel an Bewusstsein von sich selbst und von vergangenen Normen, zu denen man sich in Beziehung setzt«, erläutert und mahnt Karl-Heinz Bohrer in einem bissigen Essay.[14]

Dass prinzipiell auch in den Wissenschaften, sogar in den hochformalisierten wie der Astronomie, sprachliche Kreativität am Werk sein kann, zeigt in einem wunderbar eleganten und geistvollen Beitrag Hans Magnus Enzensberger, indem er auf die vielen poetisch anmutenden Metaphern hinweist, die in dieser Wissenschaft gebräuchlich sind, von *Schwarzen Löchern* über die *Dunkelwolken* bis zum *Urknall*. Aus der Mathematik zitiert er unter anderem *Fasern, Keime, Büschel, Knoten, Schlingen* und *Schleifen*.[15] Und elegant beschreibt Manfred Osten in einer »Kleinen Geschichte des Vergessens« den Furor der Französischen Revolution, der sich schlaglichtartig an der Abkehr vom Julianischen Kalender christlicher Zeitrechnung und der Einführung eines neuen Dezimalkalenders zeigte:

> Gründlicher hat sich nie wieder die Ratio im Lichte der Aufklärung von allen Ankerketten des Gedächtnisses und der Tradition losgerissen.[16]

Hier greifen Metaphorik im Wortschatz und Rhythmus im Satzbau wirkungsvoll ineinander, sodass das Verständnis begünstigt wird. Es geht auch im Deutschen.

Es lohnt also, die deutsche Sprachnorm zu verstehen. Es ist beflügelnd, von den Möglichkeiten der deutschen Literatursprache zu wissen. Und es ist nützlich, die Bildungssprache zu kennen. Die Errungenschaften der deutschen Sprache an Differenziertheit und Elastizität verdienen es, gekannt, geübt und angewandt zu werden – eine sinnvolle Aufgabe in Schule, Ausbildung und Hochschule, aber auch für die ganze Gesellschaft.

Achter Vorzug: vielfältig und weitverbreitet

Es will merr net in mein Kopp enei, wie kann
nor e Mensch net von Frankfort sei.

Friedrich Stoltze, Frankfurter Mundartdichter

Die deutsche Sprache wird nicht nur in Deutschland gesprochen, gepflegt und weiterentwickelt. In sechs weiteren Ländern ist es nationale oder regionale Amtssprache. Sie leisten eigenständige sprachliche Beiträge zum Hochdeutschen. Doch nicht nur aus Ländern, sondern auch aus den Landen wird sie bereichert: durch vielfältige Dialekte.

Im Gespräch mit einem Zürcher Bildungsexperten über eine bevorstehende Lesung kommt die Rede auf den zu schließenden Vertrag. »Ich werde ihn Ihnen allenfalls in zwei Wochen senden«, sagt mir mein Ansprechpartner. »Allenfalls?«, frage ich nach, denn ich benötige den Vertrag *auf jeden Fall*, nicht nur im Notfall, wie das Adverb *allenfalls* es in meinem Verständnis nahelegt. Das kleine Missverständnis ist rasch aufgeklärt. *Allenfalls* bedeutet im Schweizer Hochdeutsch das, was im – wie wollen wir es nennen? Deutschländisches Deutsch? –, was also im teutonischen Deutsch das Adverb *gegebenenfalls* bedeutet. Der freundliche Herr aus Zürich wollte mir schlicht mitteilen, dass er das Dokument gewiss schicken werde; allein ob er es innerhalb von zwei Wochen schaffen werde, wisse er noch nicht. In unserem darauffolgenden Gespräch kamen wir auf eine ganze Reihe von Helvetismen. Besonders gut gefiel mir die Verwendung des Adjektivs *allfällig* statt im deutschländischen Deutschen *etwaig* (obwohl auch dieses Wort, fast vergessen, einen schönen Klang hat).

Bei meiner Lesung in der Schweiz lernte ich den Präsidenten des Schweizerischen Vereins für die deutsche Sprache, Johannes Wyss, kennen. Er zeigte mir erfreut den 2012 erschienenen »Duden Schweizerhochdeutsch« mit rund 3000 Einträgen aus allen Lebensbereichen. Darin fand ich den *Selbstunfall*, der Unfall, bei dem nur der Fahrer selbst zu Schaden kommt – eine sinnvolle Präzisierung, die im deutschländischen Deutsch noch fehlt. Wohingegen die schweizerische *Gurtentrageobligation* gegenüber der teutonischen *Anschnallpflicht* doch etwas lang ausfällt. Aber man hat ja im Deutschen die Wahl.

Ans Herz gelegt wurde mir von einer Bekannten mit Wurzeln in der Deutschschweiz die *Cervelat-Prominenz.*

Benannt nach der Schweizer Nationalwurst Cervelat, bezeichnet sie ironisch die lokale Prominenz aus zweiter oder dritter Reihe. Und das von Urs Bühler, *Redaktór* (Betonung auf der letzten Silbe!) bei der *Neuen Zürcher Zeitung,* in einem Beitrag gerühmte schweizerische *Nastuch* ist durchaus passender als das *Taschentuch,* denn die Vorstellung, dass das besagte Tuch nach dem Schnäuzen in die Hosentasche gesteckt wird, ist wenig appetitlich, wohingegen das *Nastuch* diese hygienisch zweifelhafte Handlung wenigstens elegant verschweigt.

Hochdeutsch wird auch woanders erfunden

Deutsche sollten wissen, dass die deutsche Hochsprache auch in anderen Ländern geprägt wird und diese Prägungen durchaus nicht dialektal sind, sondern dass es sich dabei – wie die Linguisten es nennen – um »Standardvarietäten« handelt. Auch dort werden eigene standardsprachliche »Überdachungen« ausgeprägt. Sie werden in Schulen gelernt und in Verwaltung, Politik und Medien verwendet, und sie unterscheiden sich klar vom regionalen Dialekt. In der Deutschschweiz ist dieser Unterschied besonders deutlich, da dort der Dialekt bis auf offizielle Anlässe das mündliche Deutsch ist, während das Schweizer Hochdeutsch als Schriftsprache erst in der Schule fast wie eine neue Sprache gelernt und eingeübt wird. Diese Aufteilung von Dialekt und Standardsprache ist eine echte Schweizer Besonderheit.

Der Germanist Ulrich Ammon, der sein ganzes Forscherleben der Stellung der deutschen Sprache in der Welt widmete, trat in den 1990er-Jahren an, um das öffentliche

Bewusstsein für die Existenz von Standardvarietäten des Deutschen in den deutschsprachigen Ländern außerhalb Deutschlands zu schärfen. Im Jahr 2004 veröffentlichte er gemeinsam mit dem Schweizer Germanisten Hans Bickel ein erstes »Variantenwörterbuch des Deutschen«, das 2016 in eine völlig neu bearbeitete zweite Auflage mit 12 500 Einträgen auf fast 1000 Seiten mündete.

In zehn Staaten und Regionen hatten sich die Sprachforscher umgetan, unterstützt durch ein Netzwerk von Germanisten außerhalb Deutschlands. Erleichtert wurde die Herkulesarbeit durch elektronische Datenbanken, die beispielsweise Jahrgänge von Zeitungsausgaben enthielten. Aber auch Sachtexte, Belletristik und Lehrbücher wurden herangezogen. So entstand eine umfassende Darstellung der Spielarten der deutschen Standardsprache. Welche Staaten und Regionen wurden einbezogen? Zunächst die Zentren: Deutschland, Österreich, Schweiz, dann auch Liechtenstein und Luxemburg, außerdem Ostbelgien, Südtirol und Rumänien sowie schließlich Namibia, denn dort ist das Deutsche anerkannte Minderheitensprache von 25 000 Bürgern – mit erheblicher Wirtschaftskraft. Überraschend ist vielleicht die Einbeziehung des Mennoniten-Deutsch auf der anderen Seite des Atlantiks. Deutsch ist tatsächlich die gemeinsame Sprache der 1,6 Millionen Mennoniten, die seit über 100 Jahren in Mexiko und Nordamerika siedeln.

Gemeinsam mit seinen beiden Mitstreitern, Hans Bickel und der österreichischen Germanistin Alexandra Lenz, focht Ammon für die Anerkennung eines erweiterten, aber auch realistischen Verständnisses der deutschen Standardsprache. Das große Wörterbuch macht deutlich, dass das Deutsche durchaus eine *plurizentrische* Sprache ist. Eine solche Einsicht macht im Übrigen den sprachlichen Kontakt unter den deutschsprachigen Nachbarn gewiss noch leichter. Ihre Leistungen für die deutsche Standardsprache anzuerkennen ist an der Zeit – es fällt aber auch nicht schwer. Allein schon deswegen, weil von ihnen mit Verstand und Witz so viele prägnante und plastische Ausdrücke erfunden wurden, die unsere Sprachgemeinschaft insgesamt bereichern.

Nehmen wir als Beispiel den folgenden frei erfundenen Dialog:

A: Ich will dir nicht auf die Seife steigen, aber hast du endlich den Zwölfer im Toto gewonnen?

B: Ich kann mir den Zwölfer im Toto nicht aus den Fingern zuzeln. Dampf deine Hoffnung ein. Ich bin schließlich keine Cervelat-Prominenz.

A: Ich habe dich nicht aus reinem Wunderfitz gefragt. Mir jankert halt das Grundstück nebenan. Ich würd's gern kaufen.

B: Ich geh in den Ägrisch, wenn du nicht aufhörst.

A: Also gut, lassen wir es fürs Erste. Schauen wir uns lieber die allfälligen Pistenflöhe an, ein echter Jö-Effekt.

B: Übrigens, wie spät ist es?

A: Viertel über neun.

A: Das glaube ich nicht. Ich werde mal die grüne Nummer wählen und nachfragen.

B: Lass uns lieber in die Shebeen gehen.

A: Wenn uns da nur nicht der Ohm sieht!

Hier die Auflösung: *Auf die Seife steigen* (Österreichisch) bedeutet ins Fettnäpfchen treten. Der *Zwölfer im Toto* (Schweizer Hochdeutsch) ist der deutsche Sechser im Lotto. *Etwas aus den Fingern zuzeln* ist allgemein verständlich, die Redensart stammt aus Österreich. *Eindampfen* ist Luxemburgisch und bedeutet eindämmen. Die Schweizer *Cervelat-Prominenz* ist wie schon gesagt eine Lokalgröße. Der hübsche *Wunderfitz* (Schweizerisch) ist die weniger schöne Neugier. Wenn einem etwas *jankert*, so möchte man es bei den Mennoniten erwerben. Wenn Rumäniendeutsche *in den Ägrisch gehen*, dann wollen sie sich davonmachen. *Allfällig* ist Schweizer Hochdeutsch und bedeutet etwaig oder jeweilig, die österreichischen *Pistenflöhe* lernen schon als Kinder das Skilaufen. Der *Jö-Effekt* wirkt bei den Schweizern, wenn sie etwas Niedliches sehen. Das österreichische *Viertel über neun* ist allgemeinverständlich, aber die kostenlose *grüne Nummer* gibt es nur in Südtirol. Die *Shebeen* ist ein Alkoholausschank in Namibia, und dass einen der *Ohm*, der mennonitische Prediger, dort nicht sehen soll, ist nicht schwer einzusehen.

Von den vielen deutschen Sprachinseln außerhalb der Länder, in denen Deutsch Amtssprache ist, war hier noch nicht die Rede. Wieder ist es der Linguist Ulrich Ammon, der in einem Mammutwerk von knapp 1300 Seiten die »Stellung der deutschen Sprache in der Welt« vermessen hat und dabei beispielsweise das »Hunsrücker Deutsch« in Brasilien beschreibt. Es geht auf die durch ein brasilianisches Gesetz von 1820 erleichterte Zuwanderung nicht katholischer Deutscher zurück und wird bis heute in mehreren südbrasilianischen Bundesstaaten auf deutschen Sprachinseln gesprochen. Es handelt sich hier um keine kleine Anzahl von Sprechern: Schätzungen liegen zwischen 600 000 und 1,5 Millionen, und dies trotz hinderlicher staatlicher Eingriffe in das deutschsprachige Schulwesen vor Ort.[1] Das hunsrückische *iiberscheen* aus Brasilien wäre übrigens eine Alternative zum mittlerweile arg strapazierten *supercool.*

Schätzungen Ammons gehen dahin, dass rund 7,5 Millionen Menschen außerhalb der Länder mit Deutsch als Amtssprache als Mutter- oder Zweitsprachler deutschsprachig sind. Sogar in der Dominikanischen Republik zählt Ammon infolge der Rentnerauswanderung 30 000 Deutschsprachige. Addiert man die Sprecher deutscher Sprachinseln mit den rund 96 Millionen Deutschsprachigen in den Ländern mit Deutsch als Amtssprache, so ergibt sich die Gesamtzahl von 103,5 Millionen deutschsprachigen Muttersprachlern weltweit: keine kleine Zahl; etwa Platz zehn von rund 7000 Sprachen. Etwa 14,5 Millionen Deutschlernende sind hinzuzuzählen; die Zahl ist recht stabil, wenn es auch immer wieder zu Verschiebungen zwischen ost- und westeuropäischen Ländern kommt. Nicht erfasst sind die vielen Remigranten aus deutschsprachigen Ländern, die im Laufe der letzten Jahrzehnte in ihre Heimatländer zurückgekehrt sind, aber die deutsche Sprache durch die erworbenen Sprachkenntnisse mitgenommen haben. Insgesamt ist es erfreulich, dass, Ammons Forschungen zufolge, alles zusammengenommen bis zu 289 Millionen Menschen weltweit Deutsch sprechen, lernen oder gelernt haben.

Innere Vielfalt – davon zeugen auch die deutschen Dialekte. Denn vor der Einführung einer deutschen Schriftsprache in der Folge der Luther'schen Bibelübersetzung herrschte mündlich, aber eben auch schriftlich nur die Vielfalt der deutschen Dialekte vor. »Dialekte waren fast 1000 Jahre lang die einzige gesprochene Form des Deutschen«, so der Linguist Jürgen Erich Schmidt.[2] Erst als sich mit der Reformation eine überregionale Sprachform entwickelte, wurden die Dialekte in einem lang andauernden Prozess durch Sprachreformer zunehmend in die zweite Reihe gedrängt. Mit der Festigung einer deutschen Literatursprache und insbesondere durch Johann Gottfried Herders Würdigung der Volkssprache wurde den Dialekten später wieder Wertschätzung zuteil. Aber bis heute ist das Verhältnis zu den Dialekten geprägt »durch eine seltsam-ambivalente Haltung, durch ein diffuses Hin und Her zwischen Zuneigung und Ablehnung«.[3]

Aber wie oft und seit wie langer Zeit wurde ihr Untergang schon prophezeit! Trotz aller Unkenrufe sind sie jedoch lebendig. Zwar auf andere Weise als noch in der Zeit vor der Durchsetzung der Standardsprache und vor Einführung einer verbindlichen Hochlautung (im Jahr 1898 durch Theodor Siebs), anders auch als in der Zeit seit der weitgehenden Durchsetzung dieser Hochlautung durch Verbreitung des Rundfunks in den 1920er-Jahren – aber doch noch so verbreitet, dass in einer Allensbach-Umfrage aus dem Jahr 2008 immerhin 48 Prozent der über 16-Jährigen äußerten, sie sprächen Mundart. Weitere 25 Prozent beherrschen den Dialekt ein wenig, 27 Prozent sind ohne

Dialektkenntnis. Und laut einer Umfrage, die Jürgen Erich Schmidt für einen Bericht zur Lage der deutschen Sprache in den Jahren 2014 und 2015 unter 1000 Probanden an zehn Orten durchführte, waren 57,2 Prozent der Männer und 49,8 Prozent der Frauen imstande, eine große Anzahl von mindestens 80 Dialektwörtern korrekt auszusprechen.[4] Diese Zahlen belegen den Umstand, dass die Dialekte auch in unserer hochdynamischen Sprachgemeinschaft und einer Zeit weltumspannenden Austauschs noch präsent sind.

Wenn wir heutigen Zeitgenossen über unsere eigenen Erfahrungen mit Dialekten nachdenken, so hat wohl jeder von uns einige davon in seinem Gepäck. Beim Nachdenken ist mir selbst die Vielfalt deutscher Dialekte am eigenen Lebensweg deutlich geworden, und nur der reinen Illustration halber berichte ich davon in aller Kürze: Ich wurde in Celle geboren, dort sprach man, wie behauptet wird, reines Hochdeutsch. Mein Großvater sprach das *st* und das *sp* in hannoverscher Aussprache mit dem spitzen *st* und *sp* aus – das Niederdeutsche hatte den Lautwandel von *s* zu *sch* vor Konsonanten nicht vollzogen. Meine Vorfahren väterlicherseits stammen als Deutschbalten aus Riga. Die Klangfarbe der Deutschbalten ist weich, elegant modulierend; man formuliert eher zurückhaltend, bevorzugt Andeutungen statt lauter Meinungskundgabe; man schätzt und pflegt die Selbstironie in Form von »Pratchen«, liebenswürdigen Anekdoten über allerlei menschliche verzeihliche Fehlbarkeiten. Treffender als der äthiopische Prinz Wossen Asserate in seinem schönen Buch »Manieren« hat wohl kaum jemand diese feine regionale Färbung beschrieben: »Die deutschen Balten hatten sich zwischen Russland und Deutschland eine eigentümliche Souveränität bewahrt, die in Unbekümmertheit und großer Freiheit zum Ausdruck kam (…). Grandseigneuraler, das kann ich versichern, ist in Deutschland sicher niemals deutsch gesprochen worden.«[5]

Doch wir zogen um – nach Köln, ein scharfer Kontrast. Hier konnte nur zurechtkommen, wer den kölnischen Dialekt verstand und am besten auch sprach. Dazu gehörte zunächst eine gewisse Sprachbegabung, denn die rheinische Satzmelodie ist einmalig. Sprachforscher haben – die Eingebung des Laien bestätigend – im Rheinischen »Tonhöhenunterschiede« festgestellt. »Um die Tonakzente zu realisieren«, so heißt es in sprachwissenschaftlicher Analyse, »produzieren die Sprecher der rheinischen Regionalsprache zusätzlich zur ›normalen‹ Satzmelodie in fast jedem Wort eine kleine, von anderen deutschen Varietäten abweichende Tonbewegung.«[6] Nicht nur Sprachtalent, auch Musikalität ist also geboten, um sich diese Kunst anzueignen, die das Kölnische so lebendig, liebenswürdig und verschmitzt klingen lässt. Motivierende Lernhilfe bietet dabei die von Humor geprägte Lebensart.

Ein Beispiel: Ich stehe in Köln-Nippes am Wilhelmplatz und verlange am dortigen *Büdchen* nach dem *Kölner Stadt-Anzeiger*. Links neben mir ein älterer Kölner. Der Kioskbesitzer legt mir die Zeitung hin. Ich blicke etwas zerstreut rechts zur Seite. Als ich wieder vor mich hin blicke, ist die Zeitung verschwunden. Verwundert schaue ich nach links, dorthin, wo der ältere Kölner steht. Plötzlich holt er die Zeitung aus seiner Jacke hervor, legt sie mir hin und sagt verschmitzt lächelnd in breitem Kölsch: »Wör et bald fott jewäse.« Alle drei lachten wir schallend. Der kleine Scherz war, was die Franzosen *gratuit* nennen, völlig sinnlos – und gerade deshalb so komisch.

Gemeinsam mit kölnischen Freunden[7] machte ich mich als Sprachbegeisterter vor Ort auf die Suche nach dem markantesten, dem echtesten Kölsch, und so wurden wir auf unserer kleinen Forschungsreise von Familie zu Familie weitergereicht bis zu jenen, die sogar noch einen der besonderen *Veedels*-Dialekte, also einen Dialekt der verschiedenen Stadtviertel Kölns sprachen. Das Schönste dabei war der deftige Humor, immer begleitet von heftigem Augenzwinkern. Wohl selten haben selbst ernannte Sprachforscher auf einer Forschungsreise so viel und herzhaft gelacht wie wir. Denn durch den Dialekt der Kölner sprach vor allem jene selbstironische Haltung, die das menschenfreundliche Lebensgefühl der rheinischen Großstadt ausmacht. »Kölsch Jeföhl« eben, wie eine erfolgreiche CD mit kölnischen Liedern heißt. Und nicht umsonst wurden meine sprachforschenden Freunde zu professionellen »Kölschrockern« und trugen mit ihren erfolgreichen Bands aktiv zur unvergleichlichen lokalen Identität der (aus Kölner Sicht einzigen echten) Rheinmetropole bei.

Zuvor als Schüler hatte ich eine gewisse Zeit nahe Würzburg in Mittelfranken zugebracht und lernte dort den weichen Klang mit dem fein gerollten r lieben.

Als Student in Paris freundete ich mich mit einem Kommilitonen an, der aus der DDR ausgewiesen worden war. Er stammte aus Leipzig und sprach sowohl Deutsch als auch Französisch wie überhaupt jede andere Sprache mit unverkennbar und unwandelbarem sächsischem Akzent. Wie müssen unsere heftigen rheinisch-sächsischen Debatten in den Ohren der Franzosen geklungen haben? Im günstigsten Falle wie das Deutsch des *Barons Thunder-ten- tronckh* in Voltaires spöttischem Roman »Candide«.

Schon lange lebe ich nun in Frankfurt am Main, und besonders freut mich mein Kontakt zu einer alteingesessenen *Frankfodderin* aus dem alten Arbeiterviertel Frankfurt-Griesheim, die, wenn sie mir schreibt, dies auf gut *Frankfodderisch* tut. Was sagte sie mir, als wir uns kennenlernten? »Es will merr net in mein Kopp enei, wie kann nor e Mensch net von Frankfort sei.« Das waren berühmte Zeilen des Mundartdichters Friedrich Stoltze aus dem 19. Jahrhundert, die in dieser kleinen globalen Großstadt immer noch fast jeder kennt.

Dialekt ist Heimat, ist Nähe. Der Dialekt schafft auch in heutiger globaler Zeit nachweislich Vertrauen. Ein Wissenschaftlerteam veröffentlichte im Jahr 2012 die Ergebnisse einer Studie, in der ermittelt wurde, was an möglicher kultureller Identität der Befragten auch wirtschaftlich von Bedeutung sei. Das Ergebnis war überraschend: »Als statistisch mit Abstand wirkmächtigster Faktor erwies sich dabei die Ähnlichkeit oder Unähnlichkeit der Sprachräume.«[8] Offenbar sucht auch der moderne Mensch bevorzugt nach einer sprachlichen Nähe. Er scheint sich bewusst zu sein, dass der ihm bekannte Dialekt oder die ihm vertraute Melodie einer Regionalsprache ein mindestens ebenso wichtiger Wert ist wie … die Wohnungspreise.

Alt und wandelbar

Die Dialekte weisen von heute aus in eine ferne Vergangenheit zurück. Es sind die ältesten »Sprachen in der Sprache«.[9] Sie sind, wie der Kölner Germanist Karl-Heinz Göttert so schön und zutreffend formulierte, »Urformen des Gegenwärtigen«.[10] Das kann man an der Art und Weise nachzeichnen, wie die verschiedenen Dialekte die sprachgeschichtlich so entscheidende zweite hochdeutsche Lautverschiebung mitvollzogen – oder eben gerade nicht oder auch nur teilweise. Im Niederdeutschen, nördlich einer Linie von Aachen über Düsseldorf, Kassel, Wittenberg bis nach Frankfurt/Oder, der sogenannten Benrather Linie, fand diese zweite Lautverschiebung (die erste war die sogenannte germanische) schlicht nicht statt. Die Verschiebung beispielsweise von Verschlusslauten wie *k* zu *ch* in *maken* vs. *machen* blieb im Niederdeutschen aus, ebenso die Verschiebung von *t* zu *ts* in *Timmer* vs. *Zimmer* oder von *p* zu *pf* in *Appel* vs. *Apfel*.

Südlich der Benrather Linie griff sie in einem mittleren Streifen nur teilweise, während sie in Süddeutschland tatsächlich vollzogen wurde. Dialektforscher, die im 19. Jahrhundert im Anschluss an die Entdeckung der Lautverschiebung eine genaue Kartografierung der deutschen Dialekte vornahmen, zeichneten die unterschiedliche Verschiebung der Laute ortsgetreu nach und kamen so zu dialektalen Sprachräumen, sogenannten Isoglossen. Anhand des Ausmaßes, in dem die Lautverschiebung vollzogen wurde, ließen sich die Dialekte in dialektale Großräume untergliedern: den niederdeutschen, den hochdeutschen und den oberdeutschen (der das *K* von *Kind* noch in *Kchind* weiterverschob).

Schon seit dem 18. Jahrhundert waren Dialektwörterbücher veröffentlicht worden, aber erst der Sprachforscher Georg Wenker machte sich im letzten Drittel des 19. Jahrhunderts daran, die Dialekte voneinander abzugrenzen und dadurch ein Gesamtbild der deutschen Dialekte in Form eines Sprachatlas zu erstellen. Er legte damit die Grundlage zu einer empirischen Erforschung der deutschen Dialekte, die weltweit ihresgleichen sucht. Deren

Kartografierung nach Lauten und Kernwörtern ergibt ein einmalig dichtes Netz. Dialektologen des Deutschen können auf einen riesigen, inzwischen digitalisierten Datenschatz zurückgreifen. Die Ergebnisse der Forschungen deuten darauf hin, dass die Dialektgrenzen – die genauer betrachtet oft eher fließende Übergänge sind – politischen Grenzen und Verkehrsachsen folgen.

Die Dialekte sind alte Sprachzustände, die aber natürlich auch selbst dem Sprachwandel unterliegen. Dies betrifft vor allem ihre Rolle im Vergleich zur inzwischen vorherrschenden Standardsprache. Die Stellung der Dialekte hat sich insofern seit dem ausgehenden 19. Jahrhundert, als die Schriftsprache verbindlich festgelegt wurde, wie auch durch die Einführung einer Hochlautung deutlich verändert. Aber in durchaus unterschiedlicher Weise: In der Schweiz blieb der Dialekt die vorherrschende mündliche Sprachform. Die bairischen Dialekte, also die österreichischen einbezogen, halten sich: 80 Prozent der Bevölkerung gelten als »dialektkompetent«.[11] Darüber hinaus ist das landschaftliche Hochdeutsch, die Aussprache der Standardsprache mit dialektaler Tönung, im bairischen Sprachgebiet Normalität.

Wieder anders verhält es sich mit dem Ostmitteldeutschen (Thüringisch und Obersächsisch). Es stand zur Zeit der Lutherbibel im Ruf, das reinste Deutsch zu sein. Diesen Status büßten die mitteldeutschen Sprachvarianten jedoch im Laufe der Zeit gegen das Niederdeutsche ein, das die sich durchsetzende Schriftsprache am genauesten mündlich nachvollzog. Im Bewusstsein aber ihres einst höchsten Ansehens hat sich die regional geprägte Aussprachevariante der Standardsprache in Mitteldeutschland erhalten, sie gilt aber nicht als dialektal, eben weil das Ostmitteldeutsche selbst einst Ausgangspunkt für die Schriftsprache war.[12]

Wenn man die Dialektkompetenz vom Süden nach Norden verfolgt, so nimmt sie freilich ab, und zwar »entlang der Altersachse«.[13] Es klingt traurig, wenn es heißt: »Im Nordhessischen, im Rheinischen und im Mecklenburg-Vorpommerschen wurde der Dialekt an die heute unter 30-Jährigen praktisch nicht weitergegeben.«[14] Was sich aber in diesen Fällen stattdessen herauszubilden scheint, sind Regionalsprachen mit dialektaler Färbung, die sich ansonsten an der Standardsprache orientieren. Karl-Heinz Göttert beschreibt den Umbau der Dialekte so, dass sie in manchen Regionen abflachen, ihren Einfluss aber dennoch entfalten, indem sie in der Form regionaler Umgangssprachen neu entstehen.[15]

In der modernen Dialektforschung ist man näher an die fließenden Übergänge zwischen Basisdialekt und Standardsprache herangerückt, denn sie entsprechen den sprachlichen Gewohnheiten der Sprecher am ehesten. Selbst innerhalb bestehender Dialekte gibt es ja Abstufungen sozialer Art, wie beispielsweise zwischen Bauernmundart und Honoratiorenschwäbisch, oder geografischer Art, wie zum Beispiel Stadtkölnisch und Landkölnisch.[16] Und zwischen »reinem« Dialekt und seinen Abstufungen hin zur Standardsprache gibt es in der Sprachwirklichkeit viele mögliche Aggregatzustände. Dialektologen schlagen dafür Begriffe wie »Halbmundart«, »Verkehrsdialekt«, »gehobene Mundart« und »Regionalsprache« vor.[17]

Wir sind als Sprecher je nach Gesprächssituation anpassungsfähig und variationsfreudig – jedenfalls solange uns die Varianten zuhanden sind. Mir persönlich genügt es schon, mit halbem Ohr per Zufall eine mit rheinischer

Satzmelodie gesprochene Äußerung aufzuschnappen, um Vertrautheit, ja Vertrauen zu empfinden. Wenn dann allerdings der oder die Unbekannte auch noch im Dialekt weiterspricht, beginnt mein kölsches Herz heftig zu schlagen.

Es steht also so, dass sich manche Dialekte, gerade im oberdeutschen Sprachraum, stabil halten, dass auch dort, wo der Dialekt keine übliche Umgangssprache mehr ist, gleichwohl Kenntnisse des Dialekts vorhanden sind und sich ansonsten regionale Klangfarben mit der Standardsprache zu Regionalsprachen mischen, deren landschaftliche Herkunft erkennbar ist (wobei, wie wir sahen, landschaftlich geprägtes Hochdeutsch in manchen Sprachregionen schon von alters her gesprochen wird). Eine dialektale Vielfalt der deutschen Sprache besteht weiterhin, wandelt sich aber und bleibt in veränderter Form gleichwohl doch erhalten: ein zu pflegender Reichtum, den letztlich die Elternhäuser in der Hand haben. Denn entscheidend ist, dass sie den Dialekt weitergeben – was sie in den südlichen Landesteilen offensichtlich weiterhin tun. Davon kann man auch nördlich des Weißwurst-Äquators noch etwas lernen.

Neunter Vorzug: aufnahmewillig und integrationsfähig

Die Gewalt einer Sprache ist nicht, dass sie das Fremde abweist, sondern dass sie es verschlingt.

Johann Wolfgang von Goethe

Die Leistungsfähigkeit einer Sprache bemisst sich auch nach ihrer Fähigkeit, Wörter aus anderen Sprachen aufzunehmen und einzugemeinden. Das Deutsche bietet beste Voraussetzungen für eine leichtgängige Eingemeindung. Deutsch erweist sich als gastfreundlich, aufnahmewillig und integrativ.

Als ich mich der Pubertät näherte, schenkte mir mein Großvater das Duden-Fremdwörterbuch. Als Widmung schrieb er hinein: »Meinem lieben Enkelsohn zur Klärung und Erweiterung der Begriffe in seinem Kampf um eine bessere Weltordnung«. Denn in der Tat, das politisch bewegte Jahr 1968 (in meinem Falle eher die 1970er-Jahre) war, im krassen Gegensatz zur eigentlich angestrebten Verbundenheit mit den »Volksmassen«, ausgesprochen fremdwortlastig und elitär. Wörter des damaligen Zeitgeistes wie *Manipulation, Repression, Frustration* wurden von Nichtakademikern nicht verstanden – was ihre exzessive Verwendung durch die politische Studentenschaft aber keineswegs behinderte.

Ins Gedächtnis eingegraben hat sich mir, dass ich als Schüler einen Erwachsenen nach der Bedeutung des Wortes *Frustration* fragte. Er dachte einen Moment lang nach. »Gefrorenes«, meinte er etwas zögerlich. Offenbar konnte man die Bedeutung dieses Modebegriffs nicht ohne Weiteres an den Bestandteilen des Fremdwortes ablesen, anders als es beispielsweise bei den deutschen Entsprechungen *Enttäuschung* oder *Zurücksetzung* der Fall war, die ich im Fremdwörter-Duden fand. Und dann half mir mein Lateinlehrer weiter: *Frustration* kam von dem lateinischen Adjektiv beziehungsweise Adverb *frustra*, zu Deutsch *vergeblich*. Man hatte an *frustra* schlicht eine Endung angehängt *(-tion)*, und so war daraus ein Substantiv geworden; eines dieser vielen beeindruckenden Substantive, die von der lateinischen Substantivendung *-io* für das Deutsche abgeleitet wurden – wie auch die damals allenthalben vermutete *Manipulation*. Und das Geniale war: Man konnte aus *Frustration* direkt ein Verb ableiten: *frustrieren*. »Du frustrierst mich«, war denn auch bald ein beliebter Vorwurf an die Elterngeneration. Aus dem Verb ließ sich praktischerweise gleich auch ein Partizip Perfekt ableiten, das Furore machte: »Ihr seid ja total *frustriert!*«, lautete der gern umstandslos versetzte semantische Todesstoß.

Als Schüler waren wir tief beeindruckt von »den Studenten« (heute *Studierende* genannt), weil sie solche Fremdwörter scheinbar souverän beherrschten. Freilich hörten wir auch Stimmen, die sich über die Schwerverständlichkeit der Fremdwörter beklagten. Warum man das nicht auf Deutsch sagen könne? Schließlich heiße *Manipulation* doch schlicht *Beeinflussung*. Und so kamen hin und wieder auch Zweifel an der Sinnhaftigkeit von Fremdwörtern auf. Andererseits: *Manipulation* und *Frustration* gehörten einem bestimmten Vokabular an. Die Begriffe stammten aus der Wissenschaft, ihnen hing etwas von der Aura des Bewiesenen und des theoretisch Begründeten an. Außerdem klangen sie links, und links war irgendwie cool.

Soziologie und Psychologie, die beliebtesten wissenschaftlichen Disziplinen jener Zeit, waren die Lieferanten dieser populären Begriffe. Auf die auratische Glaubwürdigkeit der hochkarätigen Absender wollte man ungern verzichten; zumal *Frustration* gleich wieder ein weiteres Wortfeld eröffnete, die *Sublimierung*, mit deren Hilfe so viele gesellschaftliche Fehlentwicklungen angeprangert werden konnten (während persönliche Fehlentwicklungen durch den Begriff praktischerweise gerechtfertigt wurden). Die Fremdwörter standen also nicht allein für sich da, sondern waren vernetzt mit anderen Begriffen. Sie zu streichen und einfach durch deutsche Entsprechungen zu ersetzen, hätte den Verzicht auf dieses Netz von Begriffen bedeutet, in diesem Falle das Begriffsnetz der Psychoanalyse, deren Thesen und Begriffe in vielen Elternhäusern zu heftigen Diskussionen führten, mit der hilfreichen Nebenwirkung, dass die Eltern grundsätzlich schuldig waren, entweder an der Frustration oder an deren misslungener Sublimierung oder auch an erfolgreicher, aber gerade deshalb umso verdächtigerer Sublimierung. Unentrinnbar!

Auch heute sind Fremdwörter nicht unumstritten. Aber wie fremd sind sie eigentlich? Sind sie dem Deutschen so fremd, dass sie nicht integriert wären? Oder sind sie ein Bestandteil der deutschen Sprache? Oder gibt es solche, die sehr gut integriert, und solche, die nur schwach oder gar nicht integriert sind? Da es in diesem Buch um Vorzüge geht – wie ist es generell um die Integrationsfähigkeit der deutschen Sprache bestellt?

Ein Vorzug wäre es zum Beispiel, wenn das Deutsche ein »fremdes« Wortgut nicht einfach abwiese, sondern Mittel und Wege fände, es auf eine bestimmte Weise so aufzunehmen, dass von seiner stilistischen oder semantischen Besonderheit das Neue (das Fremde) übernommen würde, sich das übernommene Wort aber auch in die grammatischen Strukturen des Deutschen einfügen ließe. Denn dass eine Sprachgemeinschaft nicht nur aus sich selbst heraus alles irgend Denkbare und Sagbare selbst erfinden und in Worte kleiden kann, sondern auch Einflüsse von Kontakt-Sprachen aufnimmt, ist der normale und grundsätzlich auch begrüßenswerte Weg der Sprachentwicklung in einer vernetzten Welt. Jedoch ist auch die Sorge um die Einpassbarkeit fremden Wortgutes verbreitet, weil befürchtet wird, es könne auf lange Sicht die Sprachstruktur angreifen; so wie andererseits das Kopfschütteln darüber verbreitet ist, dass es im Deutschen überhaupt ein Wort wie *Fremdwort* gibt, schließlich sei allein der Begriff abweisend und provinziell.

»Fremdwörter« – ist diese Bezeichnung eigentlich begründet?

Fragen wir also nach der Integrationsfähigkeit des Deutschen. Ist es eine Sprache, die Wörter aus anderen Sprachen gut einpassen kann? Und was bedeutet »einpassen« in diesem Falle?

Fremdwörter sind nicht einfach Fremdwörter. Betrachten wir Wörter wie *Film, Schule, Dame, Lanze, Gurke* und *Koffer.*[1] Haben sie in ihrem Klang, in ihrer Silbenstruktur oder in ihrer Beugung irgendetwas, das uns fremd erschiene? Wohl kaum. Und doch sind es Wörter, die aus fremden Sprachen ins Deutsche überführt und vom Deutschen aufgenommen wurden. Die Gebersprachen waren in diesen Fällen entsprechend der obigen Reihenfolge Englisch, Latein, Französisch, Italienisch, Polnisch, Arabisch. Es sind Wörter mit der klassischen Silbenstruktur des deutschen Kernbestandes, nämlich Einsilbler oder Zweisilbler, deren erste Silbe den Hauptakzent trägt, während die zweite Silbe abgeschwächt ist. Die morphologische Beschaffenheit der Wörter ist völlig unauffällig, sie lassen sich regulär beugen. Wohl kaum jemand würde widersprechen, wenn wir sagten, dass diese Wörter keine Fremdwörter sind.

Und so ist es: Es sind Lehnwörter. Auch wenn sie anderen Sprachen entstammen, sind sie vollkommen in den deutschen Kernwortschatz integriert. Der Grammatiker Peter Eisenberg, der eine hochdifferenzierte Beschreibung des Fremdworts im Deutschen verfasst hat, formuliert es so: »Woher sie kommen, ist nicht mehr zu erkennen.«[2] An den Lehnwörtern können wir sehen, dass das Deutsche ganz offenbar fremde Wörter vollständig eingemeinden kann, sodass sie auch unserem Sprachgefühl in keiner Weise fremd erscheinen.

Aber was ist nun ein echtes Fremdwort im Unterschied zum Lehnwort? Ein Merkmalbündel beschreibt den Unterschied. Zunächst die Aussprache: Nehmen wir das englische *Thriller.* Einer meiner beiden Großväter las abends gern Kriminalromane, um sich von den Rechtsstreitigkeiten zu erholen, die er als Anwalt tagsüber zu verhandeln hatte. Er war eher wortkarg, doch an besonders spannenden Stellen entglitt ihm manchmal ein anerkennendes »Ein echter Thriller!«, wobei er das spezifisch englische Phonem /th/ mit einem scharfen /s/ aussprach, also *Sriller.* Denn zu Recht: Das englische /th/ gehört nicht zum deutschen Phonem-Bestand. Mein Großvater hatte schlicht versucht, es seiner deutschen Aussprache anzupassen, wobei dem aus dem Hannoverschen Stammenden die Aussprache des spitzen *st* und *sp* ohnehin bereits geläufig war, sodass auch das sonst im Deutschen eher ungewöhnliche /sr/ ihm leicht von der Zunge ging. *Thriller* ist also phonetisch und orthografisch im Deutschen auffällig.

Fremdwörter können sich auch in der Betonung von dem klassischen deutschen Zweisilbler mit betonter erster und unbetonter zweiter Silbe unterscheiden, wie zum Beispiel *ínterdependént* mit zwei betonten Silben, eine am Anfang und eine am Ende. Suffixe, also Endungen von Fremdwörtern, tragen gewöhnlich anders als in deutschen Kernwörtern einen Akzent, oft den Hauptakzent, wie *grotésk* – wobei das Deutsche diese besondere Endung gleich wieder in Serie bringt und dadurch eingemeindet, zum Beispiel in *kafkaésk.*

Oft warten Fremdwörter, eben weil sie aus anderen Sprachen eingeführt werden, mit Schreibweisen auf, die nicht aus der deutschen Rechtschreibung abzuleiten sind, wie das aus dem Französischen kommende *Bonmot,* das *Niveau,* der *Entrepreneur* oder das *Renommee.* (Wobei unerfindlich bleibt, warum das französische *résumé* in der deutschen Schreibung wie ein französisches Femininum geschrieben wird, aber ohne Akzent: *Resümee.* Falscher kann man es nun wirklich nicht schreiben!) Und wie man englischstämmige Wörter ausspricht, etwa *Jazz* (früher wurde es tatsächlich deutsch genauso ausgesprochen, wie man es schreibt) oder *downloaden,* kann man ohne Englischkenntnisse nicht wissen. Lateinischstämmige Fremdwörter wie *Aktion* oder *Reputation* sind dagegen in der Aussprache problemlos. Peter Eisenberg erläutert: »Eine Leseaussprache setzt sich für Anglizismen viel schwerer durch als etwa für Latinismen, wo sie gang und gäbe ist.«[3]

Es hat also Sinn, von »Fremdwörtern« zu sprechen, eben weil sie sich in einigen Merkmalen vom nativen, heimischen Kernwortschatz unterscheiden. So auch im Bereich der Wortbildung. Eisenberg nennt das Beispiel *autonom.*[4] Hier könne man nicht erkennen, was der Stamm und was das Suffix sei. Oder sind es etwa zwei Stämme? Im deutschen Kernwortschatz mit seinen etwa 8000 Stämmen und einigen Dutzend Suffixen und Präfixen (beziehungsweise bei den Verben die Flexionsendungen) ist die Beziehung klar: *das* ***Haus*** *– des* ***Haus****es –* ***häus****lich –* ***haus****en* oder ***hausieren****;* oder auch ***Lehr****er – des* ***Lehr****ers –* ***lehr****reich – ge****lehr****ig –* ***lehr****en.* Stamm und Ergänzungen sind klar unterscheidbar; die Wörter sind »durchsichtig«, der Stamm ist klar substantivisch, er ist »wortfähig«.[5] Das ist bei *autonom* so nicht der Fall.

Kaum ein Wort kommt davon

Nachdem wir einige Beispiele für sprachliche Fremdheit betrachtet haben, wollen wir nun sehen, wie das Deutsche mit dieser Fremdheit verfährt. Die knappe Antwort: sehr integrativ. Das Deutsche hat ein ganzes Arsenal von Anpassungsinstrumenten entwickelt, die die Einfügung von Wörtern aus anderen Sprachen erleichtern – mit der Folge, dass bis auf reine Leihformen, solche also, die einfach im Original belassen werden, fremde Wörter grammatikalisch eingepasst und dann auch flexibel verwendet werden können. Ein gut einsetzbares Instrument bietet die Morphologie, das Reservoir an grammatischen Bauformen, die die Wohlgeformtheit aufgenommener Fremdwörter sichern.

Zu den zahlreichen französischen Importen zählen seit Jahrhunderten weibliche Substantive mit der Endung *-ité*. Hier bietet das Deutsche die Endung *-ität* an, und so wird aus *conformité* spielend einfach *Konformität*. Dieses deutsche Fremdwort lässt sich wie jedes andere Substantiv deklinieren. Die Folge: Es gibt inzwischen mehrere Hundert Substantive mit der Endung *-ität*. Auch eine Adjektivbildung ist problemlos möglich: gleich zwei sind entwickelt: *konform* und *konformistisch*. Wortkombinationen sind ebenfalls vorhanden: zum Beispiel der *Konformitätsdruck*, eine eigene deutsche Wortbildung, an der man die Eingepasstheit des Fremdwortes in den deutschen Wortschatz gut erkennen kann. Schließlich bietet sich noch der *Konformismus* an, dessen Endung mehrere Tausend weitere Substantive im Deutschen kennzeichnet.

Auch Verben sind leicht ableitbar, und zwar mit den Endungen *-ieren* oder *-isieren*: *Quantität* wird zu *quantifizie-*

ren umgeformt, *Realität* zu *realisieren.* Schätzungen gehen dahin, dass es im Deutschen allein über 2000 Verben mit diesen beiden Endungen gibt:[6] ganz offensichtlich ein sehr produktives Wortbildungsmittel, nicht zuletzt, weil es problemlos auch an Wörter aus anderen Sprachen als den romanischen anzuhängen ist, siehe *Computer – computerisieren* oder *Gender – genderisieren,* ja selbst, wie wir bereits oben sahen, aus einem deutschen Kernwort abgeleitet: *hausieren.*

Sorgenvoll blicken Teile der deutschen Sprachgemeinschaft auf die Wortimporte englischen Ursprungs. Und in der Tat machen sie rund 80 Prozent der aktuellen Wortimporte aus, mit steigender Tendenz. Laut einem Bericht der Deutschen Akademie für Sprache und Dichtung von 2013 haben Anglizismen in schriftlichen Texten in den letzten rund 100 Jahren von 0,35 auf 3,5 Prozent des Wortschatzes zugenommen. Besonders auffällig sind in der öffentlichen Wahrnehmung solche Anglizismen, die scheinbar mühelos durch native Wörter des Deutschen ersetzt werden könnten, wie *Milestone* oder *Benchmark* (durch *Meilenstein* und *Maßstab).* Freilich gilt auch in diesen Fällen: Sowohl *der Milestone* als auch *die Benchmark* sind im Deutschen grammatisch als Substantive Maskulinum und Femininum gekennzeichnet, und entsprechend werden sie gebeugt. Es sind englischstämmige Wörter im Deutschen. Kaum ein Anglizismus kommt davon.

Ähnlich ist es mit den Verben: Selbst ein so schwer zu schreibendes und nach wie vor fremd wirkendes Verb wie *downloaden* entrinnt nicht dem deutschen Partizip: *downgeloadet* oder auch *gedownloadet,* jedenfalls eines von beiden muss es im Deutschen sein, wenn im Perfekt gesprochen wird.

Ein von der Öffentlichkeit womöglich kaum wahrgenommener Integrationshebel ist die deutsche Wortbildung durch Zusammensetzungen. Für so manchen dürfte es überraschend sein, dass rund 90 Prozent der Anglizismen aus Zusammensetzungen bestehen und davon 82 Prozent aus Kombinationen von englischen Importen mit deutschen (!) Kernwörtern gebildet wurden. Beispiele für solche sogenannten Hybride sind *Einkaufscenter, Kamerateam* oder auch *Babykost.*[7] Es sind Wörter, die es so im Englischen nicht gibt; sie sind also originär im Deutschen gebildet, einer typologisch herausragenden Wortbildungsfähigkeit des Deutschen folgend. Und was besonders gebräuchliche Verbimporte aus dem Englischen betrifft, so werden sie in ihrer Silbenstruktur durch ein probates Mittel dem Deutschen angepasst: durch die Konsonantenverdopplung am Silbengelenk, siehe *jobben* oder *shoppen*.

Peter Eisenberg hat diese erstaunliche Geschmeidigkeit und Wendigkeit des Deutschen gegenüber Importen mit der ihm eigenen Knappheit und Klarheit beschrieben: »Das Fremde hat seine eigenen Leistungen und Techniken, interagiert aber höchst systematisch mit der Kerngrammatik.«[8] Und genau deshalb beginnt er sein grundlegendes Werk über die Fremdwörter auch mit dem entscheidenden Satz: »Fremdwörter sind Wörter der deutschen Sprache.«

Zur Geschmeidigkeit, mit der das Deutsche fremde Importe morphologisch anschlussfähig macht, gehört auch eine weitergehende Eingemeindung: die Lehnübersetzung. Die großen Sprachkultivierer des 18. Jahrhunderts, Campe und Zesen, schufen Tausende neuer deutscher Wörter, die den fremden Ausgangswörtern nachgebaut waren. Eine ganze Reihe ist bis heute gebräuchlich: *auswerten* für *evaluieren; befähigen* für *qualifizieren; einschließlich* für *inklu-*

sive; tatsächlich für *faktisch; vervollständigen* für *complettieren.*[9] Auffällig ist, dass in vielen Fällen die Fremdwörter neben den Lehnübersetzungen weiterhin Bestand haben. Die Lehnübersetzungen sind freilich ohne jede Kenntnis des Lateinischen und ohne jedes Nachschlagen im Fremdwörterbuch verständlich – und genau das war das aufklärerische Ziel der Sprachkultivierer. Wer Schwächen in der Rechtschreibung hat, kann problemlos das Wort *Orthografie* vermeiden, denn *Rechtschreibung* bedeutet exakt dasselbe, nur ist es aus heimischen Wörtern dem Fremdwort nachgebaut und entsprechend durchsichtig.

Dass man umgekehrt den Kopf schütteln kann, wenn ohne Not und sogar missverständlich Wörter aus anderen Sprachen, zurzeit meist aus dem Englischen, zur Bezeichnung neuartiger Sachverhalte ins Deutsche eingeführt werden, ist gerade wegen der leichten Wortbildung im Deutschen nur zu verständlich. *Social Distancing* ist einer dieser Begriffe.

Ist er eigentlich gut gewählt? Er soll die Notwendigkeit benennen, einen medizinisch gebotenen Abstand zu anderen Personen einzuhalten. So neutral klingt *Social Distancing* aber zumal im Deutschen nicht. Eher lässt es an eine Form gesellschaftlicher Ab- oder sogar Ausgrenzung denken. Denn das Sich-Distanzieren ist eine aktive Bewegung des Sich-Zurückziehens von einer anderen Person, im wörtlichen wie aber auch und gerade im übertragenen Sinne. Das soll jedoch nicht gesagt werden – sondern dass man von Anfang an Abstand halten soll. Warum also nicht stattdessen das gute alte *Abstandhalten* verwenden? Es ist sachlich, präzise und allgemein verständlich, und auch phonetisch birgt es keine Schwierigkeit. Wieso aber hat das *Abstandhalten* überhaupt Konkurrenz durch einen missverständlichen Anglizismus bekommen? Dabei gilt doch, was man an einer italienischen Eisdiele im schönen Marburg lesen kann: »Mit Abstand das Beste.«

Deutsch als Einwanderungssprache

Aber nicht nur Fremdwörter und Lehnwörter hat das Deutsche aufgenommen. Es ist die Sprache, oft die wichtigste oder zweitwichtigste, von Millionen Menschen geworden, die nach Deutschland eingewandert sind. Menschen, die sich die deutsche Sprache unter verschiedensten Bedingungen angeeignet haben: Arbeitskräfte, die neben ihrer harten körperlichen Tätigkeit kaum Zeit für ausgiebiges Sprachenlernen fanden; Kriegsflüchtlinge, die Zuflucht suchten in der Hoffnung, später wieder in ihre Heimat zurückkehren zu können, und zugleich in der Ungewissheit lebten, ob sie, wenn sie wollten, überhaupt in Deutschland bleiben könnten; und Kinder, die mit der deutschen Sprache in Wohnsiedlungen und Flüchtlingsunterkünften, in Kindergärten und Schulen, auf Spiel- und Sportplätzen aufwuchsen – und zugleich mit der Herkunftssprache ihrer Eltern, die sie in ihren Familien als erste hörten und lernten.

Schätzungsweise zehn Millionen Menschen sprechen in Deutschland in ihrem Alltag eine andere Sprache als Deutsch.[10] Gewiss ist es nach wie vor die Landessprache, aber im täglichen Gebrauch kommen andere Sprachen hinzu, sodass eine intensive Diskussion über Mehrsprachigkeit in Deutschland begonnen hat. Manches daran ist – wie nicht anders zu erwarten – strittig, deshalb wird zum Beispiel über die Frage diskutiert, ob der Gebrauch des Deutschen als Landessprache in der Schule und auf Schulhöfen verbindlich sein sollte, um ethnisch-sprachliche Gruppenbildungen zu vermeiden, oder ob im Gegenteil den vielen Zuwanderungssprachen eine viel größere Förderung im deutschen Unterrichtswesen zuteilwerden sollte. Unstrittig aber ist die Tatsache, dass Millionen Menschen in unterschiedlicher Weise nicht nur nach Deutschland, sondern auch ins Deutsche eingewandert sind. Und das beeinflusst die deutsche Sprache naturgemäß.

Diesem Einfluss nachzuspüren war ein Anliegen des bedeutenden Romanisten Harald Weinrich. Er initiierte 1985 gemeinsam mit der Robert Bosch Stiftung den Adelbert-von-Chamisso-Preis, einen hochrangigen Literaturpreis für Schriftsteller, die, von einer anderen Ausgangssprache aus kommend, ihre Werke in Deutsch schrieben. Es war ein neuer Blick auf das, was Zuwanderer der deutschen Sprache geben und schenken. Denn der Preis krönte literarische Werke von herausragender sprachlicher Kunst und machte auf diese Weise auf die Bereicherung der deutschen Sprache durch Einwanderer aufmerksam, mit denen in der öffentlichen Wahrnehmung bis dato eher eine mangelnde Beherrschung des Deutschen verbunden war. Wer die Werke eines der ersten Preisträger, des aus Damaskus stammenden Schriftstellers Rafik Shami, liest, versuche gar nicht erst, sich dem erzählerischen Furor dieses bedeutenden Literaten deutscher Sprache zu entziehen. Sein Roman »Die dunkle Seite der Liebe« zählt zu den herausragenden literarischen Werken in deutscher Sprache und ist längst ein Klassiker.

Der Chamisso-Preis schärfte das öffentliche Bewusstsein dafür, dass zugewanderte Autoren mit neuen Stoffen und eigenem Sprachstil die deutsche Sprache bereicherten.

Sie hatten sich die neue Sprache anverwandelt. Diese Bereicherung der Öffentlichkeit vor Augen zu führen, war unbedingt nötig. Denn im gewöhnlichen Umgang miteinander waren gerade in den frühen Jahren der Einwanderung herabsetzende, karikatureske Bemerkungen über sprachliche Lücken von Zuwanderern an der Tagesordnung. »Deutsche Sprache, schwere Sprache«, lautete die allzu oft halb mitleidige, halb herabsetzende Reaktion Einheimischer auf Grammatikfehler von Zuwanderern; und dies in völliger Unkenntnis der ganz andersartigen Sprachstrukturen, welche die Herkunftssprachen aufweisen. Beispielsweise das Türkische, das eine andere Wortstellung als das Deutsche pflegt und ohne bestimmten Artikel funktioniert, oder das Arabische, das keine Umlaute und keinen unbestimmten Artikel kennt, dafür aber den im Deutschen nicht vorhandenen Dual.[11] Zweisprachigkeit wird heutzutage aber zunehmend als Vorteil und Chance erkannt, wenn auch ihre Verwirklichung auf tatsächliche und nicht nur vorgeschobene praktische Hindernisse stößt, etwa jene, dass in Grundschulklassen häufig viele verschiedene Herkunftssprachen vertreten sind.

Der Chamisso-Preis aber war eine Antwort derjenigen, die sich die deutsche Sprache selbst aktiv erschlossen hatten. Einer der ersten Preisträger des Chamisso-Förderpreises war der türkischstämmige Schriftsteller Zafer Şenocak. Als Achtjähriger war er mit seinen Eltern aus Istanbul in ein oberbayerisches Dorf gekommen. In seinem Buch »Deutschsein« beschreibt er seine sprachliche Einwanderung ins Deutsche:

> Dieses Deutschland war für mich zunächst einmal kein Land, sondern eine fremde Sprache, die sich lustig an-

> hörte. Wenn die Wörter noch nicht schmecken, kann man sich von Blicken ernähren. Ich konnte tief in sie hineintauchen, ohne aufzufallen. In der Türkei hätte ich mich nicht getraut, fremde Menschen so genau zu beobachten. Aber hier gab es eine andere Art von Distanz. (…) Ich beschloss, keine Angst zu haben in diesem neuen Land. Im Gegenteil: Ich spürte eine Nähe zu etwas, das mir fremd, aber nicht verschlossen zu sein schien.[12]

Bei einer pensionierten Volksschullehrerin, Frau Saal, erhält der kleine Zafer nachmittags Nachhilfe in Deutsch:

> Bei Frau Saal schmeckten Wörter nach Kaffee und Kuchen (…). Für die Sprache, die mir so gut schmeckte, hätte ich damals alles hergegeben. Sogar das Büffeln der komplizierten Grammatik, die mir wie ein Labyrinth vorkam, nahm ich widerstandslos hin. Mit Fleiß lässt sich jede Fremdsprache bis zu einem gewissen Grad erlernen. Wer aber in den Genuss einer fremden Sprache kommen will, braucht Hingabe. Ich bin Frau Saal dankbar, dass sie mir nicht nur die Sprache beigebracht hat, sondern auch die Hingabe forderte, ja sie in mir auslöste, ohne die ich heute kein deutschsprachiger Schriftsteller sein könnte.

Wie viele ähnliche Geschichten wurden mir in Gesprächen mit Zuwandererkindern und ihren Eltern berichtet! Ein enger türkischstämmiger Freund, heute erfolgreicher Unternehmer in Frankfurt am Main, kam mit neun Jahren mit seinen Eltern als Gastarbeiterkind in eine Kleinstadt im Taunus. Hier war es die Nachbarin, die sich seiner annahm und ihm das Deutsche nahebrachte. Mit 16 Jahren schon fungierte der aufgeweckte Junge als Dolmetscher in Gerichtsverfahren. Sein Abitur machte er spielend. Ich kenne wenige Deutschstämmige, die es mit seiner Sprachgewandtheit aufnehmen können.

Zafer Şenocak warnt in seinem Buch »Deutschsein« freilich auch davor, das Deutsche nur instrumentell zu vermitteln: »Sprache fließt, berührt und erzeugt Lust. Nichts ist von dieser Lust zu spüren, wenn in Deutschland über Integration und Sprachdefizite gesprochen wird. Es herrscht die kühle Atmosphäre eines Labors.« So könne ein entfremdetes Sprachverhältnis entstehen, ein Fremdbleiben in der deutschen Sprache und Kultur, mahnt Şenocak. Gerade deshalb sind Initiativen, die die Vermittlung der deutschen Sprache mit Kreativität und Entdeckerfreude verknüpfen, so wichtig. Wenn sich Zuwandererjugendliche beim »Bundeswettbewerb Jugend debattiert« auf der Bühne vor Publikum erproben oder als Teilnehmer der »Jungen Paulskirche« in geschliffenem Deutsch über das Grundgesetz diskutieren oder in Sprachferien wie dem »Deutschsommer« zum Stolz ihrer Eltern Theateraufführungen in Deutsch meistern, dann ist jene Begeisterung spürbar, die Antrieb für das Anverwandeln der deutschen Sprache ist.

Inzwischen ist die Literatur von zugewanderten Autoren oder auch von Autoren, die in Deutschland in zwei Sprachen aufgewachsen sind, bei den Literaturverlagen und in der literarisch interessierten Öffentlichkeit ein Begriff, sodass der Chamisso-Preis von der Robert Bosch Stiftung 2017 eingestellt wurde. Nur wenig später, 2019, gewann der aus dem früheren Jugoslawien stammende Schriftsteller Saša Stanišić den Deutschen Buchpreis. Die beeindruckende Liste von Literaturpreisen und -stipendien vieler Chamisso-Preisträger aus jüngster Zeit belegt, dass sie im deutschen Literaturbetrieb angekommen und anerkannt sind. Deutschland ist eben auch in literarischer Hinsicht ein Einwanderungsland geworden – und der Literaturbetrieb hat es erkannt.

Dass diese Einwanderung indessen nicht schlicht ein Zuzug war, als zöge jemand von Frankfurt nach Offenbach oder von Leverkusen nach Köln, sondern ein langer, oft beschwerlicher Weg, auch darüber berichten freilich die Romane und Erzählungen der Autoren mit Zuwanderungshintergrund. Es ist gut und richtig, dass diese Lebenswege, die inzwischen Millionen Menschen im deutschsprachigen Raum betreffen, in der Öffentlichkeit, erfreulicherweise auch teils bis in die Schullektüre hinein, zunehmend zur Kenntnis genommen werden:

»Mutter und Vater schufteten sich traurig«, beschreibt Saša Stanišić seine Kindheit in Deutschland nach der Flucht aus Jugoslawien in den 1990er-Jahren. »Die Eltern schonten sich nicht, mich aber. Die größten Probleme und Sorgen hielten sie von mir fern, sprachen selten von dem, was ihnen schwerfiel. Von ihren Entbehrungen und Niederlagen weiß ich erst seit Kurzem. Davon, was es wirklich heißt, mit Mitte dreißig ein gefestigtes Leben zu verlassen und jetzt mit dem Vermieter darüber zu streiten, ob wir Tomaten im Garten anpflanzen dürfen.« Und über sich selbst, wie als Mahnung an die deutsche Gesellschaft: »Je mehr Chancen ich nutzen durfte, desto schwieriger wurde es, mich ins Abseits zu stellen oder zum Opfer zu machen.«[13]

Erwähnt sei aber, um in diesen wenigen Sätzen keinen falschen Eindruck zu erwecken, dass Saša Stanišićs Roman

»Herkunft« auch voller Witz und Humor ist, vor allem dann, wenn es um plastische und drastische Szenen aus seiner Jugendzeit geht, verbracht unter dem blauen Neonlicht an der örtlichen ARAL-Tankstelle.

Wie tiefgreifend, teils verstörend, das Hineinfinden in eine neue Sprache, in diesem Fall das Deutsche, für Einwanderungs- und Flüchtlingskinder oft ist, davon zeugen immer wieder Berichte und Erzählungen aus der Gegenwartsliteratur. Wer den Roman »Vor der Zunahme der Zeichen« von Senthuran Varatharajah liest, ein bewegendes großes Gespräch zwischen zwei jungen Menschen, die beide aus Flüchtlingsfamilien stammen, der versteht das Zitat aus dem Johannes-Evangelium, das der Autor an den Anfang seines Buches gestellt hat: »›Woher bist du?‹ Jesus gab keine Antwort.«

Die junge Valmira, die als Angehörige der albanischen Volksgruppe mit ihren Eltern aus Jugoslawien geflohen war, berichtet erschütternd: »Ich erinnere mich daran, dass ich in dieser Zeit, als ich die Schule besuchen durfte, bereits etwas Deutsch sprach (...), und dennoch dachte ich damals, *dass ich keine Sprache besaß* und stumm bleiben muss bis zum Ende.«[14] Wenig später erzählt sie: »Wenn meine Mutter im Supermarkt Verkäufern eine Frage stellt, wird sie von ihnen geduzt. Sobald die ihren Mund öffnet und sie ihren Akzent hören, sprechen sie mit ihr, als wäre sie ein Kind.«[15]

Die in Baku geborene erfolgreiche Schriftstellerin Olga Grjasnowa berichtet: »Die Scham, fehlerhaft Deutsch zu sprechen, hat sich tief in mich eingeschrieben. Ich habe meiner eigenen Sprache lange nicht vertraut.«[16]

In ihrem Buch »Betrachtungen einer Barbarin« beschreibt Asal Dardan, Kind persischer Flüchtlinge, wie die

Sprache ihrer Eltern verblasste: »Als Kind hörte ich irgendwann auf, auf Persisch zu sprechen. Nicht weil mir Deutsch lieber war, sondern weil ich merkte, dass mir die Sprache entglitt. Meine Mutter und ich waren bei einer Bekannten zum Tee eingeladen, und ihr Sohn fragte die beiden Erwachsenen, weshalb ich die Wörter so seltsam betonte. (…) Das war das letzte Mal, dass ich mich an einem Gespräch auf Persisch beteiligt habe.«[17] Indes besteht auch zur deutschen Sprache ein kompliziertes Verhältnis: »Aber zwischen mir und der Sprache bestand eine unsichtbare Wand. Ich wusste, ich war Ausländerin, und meine Mutter hatte einen Akzent und machte manchmal Fehler mit den Artikeln und Endungen, und vielleicht *wussten doch nur die echten Deutschen, wie man etwas sagte und ausdrückte.*«[18]

Umso wichtiger ist es, alles daran zu setzen, die deutsche Sprache nicht als Bedrohung zu vermitteln, sondern als freudvolle Bereicherung. Hier besteht ein großes Lernfeld für die Einwanderungsgesellschaft.[19] Dies betrifft auch die größere Anerkennung von Zuwanderersprachen im deutschen Bildungssystem. »Weshalb scheinen Arabisch, Türkisch oder Vietnamesisch es nicht wert zu sein, in den Lehrplan aufgenommen zu werden?«, fragt zu Recht Olga Grjasnowa.[20] Dabei spielen nicht nur echte oder gewünschte materielle Vorteile für Handelsnationen wie die deutschsprachigen eine Rolle, sondern auch das Bildungserlebnis, das für deutschsprachige Kinder mit dem Kennenlernen einer ganz anders gebauten Sprache verbunden sein kann.

Doch wird in den hier zitierten Romanen nicht nur von Verstörungen durch den Sprachwechsel berichtet. In Varatharajahs Roman finden sich auch immer wieder Sätze von sprachlicher Schönheit, so wie dieser: »die welt ist, einer gewendeten rede zufolge, alles, was der fall, ein fall sei, vielleicht war es der der sünde –, kurz darauf richtet es sich wieder ein, als wäre nichts geschehen im *sekundengedränge der zeit.*« [21] Ein treffendes neues Kompositum, das unsere gemeinsame Sprache bereichert.

Abbas Khiders »Endgültiges Lehrbuch«

Humor und Witz beweist der Chamisso-Preisträger Abbas Khider mit seinem alternativen Sprachführer »Deutsch für alle – das endgültige Lehrbuch«. Der 1973 in Bagdad geborene und im Jahr 2000 nach Deutschland geflohene Schriftsteller studierte in Potsdam und München Literatur und Philosophie. Die ihm völlig unbekannte deutsche Sprache, in diesem Falle auch die Sprache deutscher Philosophen, eignete er sich als Erwachsener mit großer Anstrengung an. Nach gescheiterten Versuchen, die Werke der großen deutschen Philosophen im Original mithilfe deutsch-arabischer Wörterbücher verstehend zu lesen, riet ihm ein Kommilitone, sich die Werke besser ohne fremdsprachliche Lexika zu erschließen, sondern unter Zuhilfenahme deutschsprachiger Lexika, insbesondere eines Philosophischen Wörterbuchs. »Das ist so, als müsste man in der Formel 1 das Autofahren lernen«, schreibt Khider. Aber der radikale Weg führte zum Erfolg: »Nichtsdestotrotz führte diese harte Schule dazu, dass ich mich nicht länger verzweifelt an meine Muttersprache klammerte, sondern mich dem Deutschen endgültig öffnete.«

Nach literarischen Erfolgen, insbesondere mit dem Roman »Ohrfeige«, in dem er die erlittene schlechte Behandlung durch eine Ausländerbehörde zum Thema machte, veröffentlichte er 2019 sein eigenes Konzept einer leichter lernbaren deutschen Sprache. Zu diesem Zweck will er das Deutsche »teils erneuern, teils reformieren, sogar einiges neu erfinden«.[22]

Man missversteht das »Lehrbuch«, wenn man es ohne Humor liest; aber ebenso ist man auf dem Irrweg, wenn man es nur als humorvolle Dreingabe versteht. In der Tradition Mark Twains und all jener stehend, die sich halb klagend, aber auch augenzwinkernd mit den Herausforderungen des Deutschen auseinandersetzen, schlägt Abbas Khider radikale Vereinfachungen der deutschen Phonologie und Grammatik vor. Sie zeugen zugleich von den krassen strukturellen Unterschieden zwischen dem Arabischen und dem Deutschen, indem sie das Deutsche in Teilen den Besonderheiten des Arabischen anzupassen versuchen.

Wer je eine Fremdsprache mit dem Anspruch echter Beherrschung gelernt hat und wer je die in Tausenden Stunden erlernte fremde Sprache als Ausländer im Ausland mühevoll erprobt hat, kann Khiders Anliegen gut nachvollziehen. Denn immer wieder wird man als Lernender von der Mühelosigkeit der eigenen Muttersprache versucht und durch die Anforderungen fremdsprachlicher Strukturen bis zur Verzweiflung geprüft.

Was schlägt Khider nun für das Deutsche vor? Es soll ein »wohltemperiertes Deutsch« werden. Das Arabische zählt im Vergleich deutlich weniger Vokale. Insbesondere die Umlaute sind schwer auszusprechen. Khider regt also an, sie im Deutschen zu streichen. Dazu bietet er auch gleich »Umlaut-Umgehungssätze« an, in denen *Öl* durch *Fett* oder *Bücher* durch *Werke* ersetzt werden.

Nun geht es an die Grammatik: Die Artikel werden vereinheitlicht, denn im Arabischen gibt es nur den bestimmten Artikel *al:* Deshalb sollen im Deutschen *der, die, das* zu *de* werden und *einer, eine, eines* zu einem schlichten *e*. So scheint Khider die Fälle einzusparen. Wenn das so einfach wäre! Denn nun wird es doch wieder kompliziert, indem der Akkusativ durch einen Apostroph gekennzeichnet werden soll, also *de'* und *e'*. Das kann man aber nicht hören. Hören soll man stattdessen den Akkusativ bei den Nomina dergestalt, dass die Sprecher sie »durch einen dominierenden höheren Ton in die Länge ziehen, wie die Araber es machen«, sodass *Männer* im Akkusativ wie *Männer.rr* ausgesprochen wird. Man sieht: Ohne die Fälle und entsprechende Differenzierungen kommt auch Khider nicht aus.

Realistischer ist die vorgeschlagene Ersetzung des Genitivs, also »Das Buch des Mannes« durch »De Buch von de Mann«. Dieser reformierte Dativ dürfte bereits so manchem umgangssprachlichen deutschen Satz entsprechen. Vielleicht stand hier auch Bastian Sick mit seinem berühmten Buchtitel »Der Dativ ist dem Genitiv sein Tod« Pate. Andererseits erstaunt dieser Vorschlag auch wiederum, denn die meisten arabischen Präpositionen werden mit dem Genitiv gebildet, den Dativ kennt das Arabische nicht.

An das Stammprinzip des Plurals legt unser Reformer allerdings die Axt nicht an: Der Plural von *de Baum* heißt ganz unverändert *die Bäume*. Allerdings wird die Verbklammer im Nebensatz aufgehoben, und dies mit einer lustigen, von tiefgehender Landeskunde zeugenden Begründung: »Ein Verb ist doch kein Zug der Deutschen Bahn, dessen natürliche Bestimmung es ist, verspätet zu sein.«

Die Personalpronomina werden drastisch vereinfacht, aber nicht nach arabischem Vorbild, denn dort gibt es bei mehreren Pronomina sogar noch die Unterscheidung von männlich und weiblich, also du-weiblich und du-männlich.[23] Vielleicht geht Khider deshalb an den Dativ *von uns* nicht heran (anstatt in seiner Logik eigentlich *von wir*).

Dafür sind nun die Präpositionen an der Reihe, denn 28 Präpositionen im Arabischen stehen über 100 im Deutschen gegenüber. Und so schlägt Khider zwei arabische vor, die sieben besonders häufig gebrauchte deutsche Präpositionen auf einen Schlag ersetzen: *min* und *ila*, wobei *min* nun *von* ersetzt. Jetzt muss Khider freilich den ursprünglich vorgeschlagenen Dativ mit *von* (man erinnert sich: *von de Mann*) wiederum ersetzen durch *min de Mann*. Und deshalb heißt es nun nicht mehr *davon* und *wovon*, sondern *damin* und *womin*.

Ob Khider sich und uns mit diesen ungewöhnlichen Formen einen Gefallen tut? Es scheint doch schwer zu sein, das Deutsche umzukrempeln. Khider weiß es: »Die Welt auf den Kopf zu stellen ist leichter, als die deutsche Sprache zu reformieren.«[24] Er selbst muss es eigentlich auch gar nicht tun, denn seine in deutscher Sprache verfassten Romane stehen auf Bestsellerlisten, und wer seine »Ohrfeige« liest, erkennt und schätzt den ihm eigentümlichen Ton: eine Mischung aus Empörung über seine Erfahrungen des Ausgeliefertseins als Flüchtling einerseits und aus seinem schönen Humor andererseits, der ihn nicht verlassen hat und von dem auch seine Reformvorschläge zur deutschen Sprache zeugen. Letztlich ist Khiders »Endgültiges Lehrbuch« eine populäre arabisch-deutsche Grammatik, die nur jemand schreiben kann, der sich die deutsche Sprache erschlossen hat. Ohne Liebe zu ihr ginge das nicht.

Kiezdeutsch – Nobilitierung überflüssig

Die Sprache von Zuwandererjugendlichen, das sogenannte Kiezdeutsch, folgt zwar nicht den grammatischen Vorstellungen von Abbas Khider – aber es gibt doch einige Parallelen, denn viele Formen des Standarddeutschen werden im Kiezdeutsch abgeschliffen, typische Phänomene dessen, was man aus Pidgin-Sprachen kennt: Die Phonetik folgt in einigen Fällen den Herkunftssprachen der Eltern; Artikel, Kasusendungen können entfallen; Präpositionen werden falsch verwendet *(bei Bahnhof)* oder entfallen. Auch die Wortstellung im Satz folgt zuweilen arabischem oder türkischem Muster: Die Wortstellung des Arabischen im Hauptsatz ist Verb – Subjekt – Objekt, im Türkischen Subjekt – Objekt – Verb.

Im Ethnolekt migrantischer Jugendlicher, den auch viele deutschstämmige Jugendliche angesagt finden, mischen sich herkunftssprachliche Einflüsse mit dem natürlichen Bedürfnis Jugendlicher, eigene sprachliche Ausdrucksformen auszubilden, die gerade nicht von der Erwachsenenwelt goutiert werden. Dies erinnert uns daran, dass Sprache nicht nur verbinden soll, sondern auch ihre durchaus abgrenzende Funktion genutzt werden kann. Deshalb sind Jugendliche an einer anbiedernden Nobilitierung ihres Jargons durch Erwachsene auch mitnichten interessiert: Es wäre peinlicher Beifall von unpassender Seite. Und so steht auch niemand in der moralischen Verpflichtung, Sätze wie »Isch geh Bahnhof« oder »Hab isch gekauft krasse Karre« als das Nonplusultra sprachlicher Weiterentwicklung zu bewerten.

Ebenso wenig aber besteht Anlass, derartige jugendsprachliche Entwicklungen per se als Sprachverfall zu verteufeln. Die meisten Jugendlichen bewegen sich in verschiedenen Stilregistern und können unterscheiden, in welcher Situation formales beziehungsweise informelles Formulieren gefordert ist. Im Übrigen darf man Entwarnung geben: So stößt die im heutigen Ethnolekt gepflegte extreme Sprachökonomie von Sätzen wie »Isch seh disch Bahnhof« an die nützliche Grenze der Verständlichkeit, wenn es darum geht zu verabreden, ob man sich *im*, *vorm* oder *neben dem* Bahnhof treffen will. Wenn es also um Genauigkeit geht, kommt letztlich niemand an den Präpositionen vorbei.

Dass dieses »Kurzdeutsch«[25] schon als auf dem Weg »zum Wortschatz des Normalbürgers« befindlich gewähnt wird, scheint übertrieben. Denn noch haben auch normierende Instanzen wie Schule, Ausbildung und Studium Einfluss auf die Sprachentwicklung. Sprachwissenschaftliche Untersuchungen deuten darauf hin, dass viele Jugendliche wie gesagt zwischen den Stilregistern zu unterscheiden vermögen, dass sie das sogenannte *Code-Switching* beherrschen.[26] Im Übrigen aber kann das Kurzdeutsch denjenigen entgegengehalten werden, die meinen, das Deutsche sei unfähig zu extremer Kürze.

Fazit: »Das Bemühen, Erfahrungen des Lebens und Denkens in Formen zu codieren, die funktional und expressiv genug sind, unerwarteten Wendungen Raum zu geben, tut stärker not denn je«, schreibt der Schriftsteller, Journalist und Übersetzer Dietmar Darth in einem philosophischen Essay.[27] Die deutsche Sprache hat sich als aufnehmende Sprache der Zuwanderung von Menschen und Wörtern geöffnet.

Zehnter Vorzug: aus der Mitte der Gesellschaft geschaffen

Was in den meisten übrigen Ländern lange schon mit großem Aufwande von Mitteln unter dem reichen Schutze königlicher Akademien zustandegekommen ist, versuchen in Deutschland unbegünstigte Privatgelehrte unter der bloßen Hilfe befreundeter Mitarbeiter.

Ankündigung des »Deutschen Wörterbuchs« durch Jacob und Wilhelm Grimm

Das Deutsche wurde nicht von oben diktiert, sondern musste sich gegen zwei Oberschichtsprachen[1] durchsetzen: das Latein der Kirche und der Wissenschaften und das Französische der Höfe. Es sollte ein langer, aber letztlich erfolgreicher Weg sein. Wir verdanken ihn bürgerlichen Sprachkultivierern.

Lange historische Entwicklungslinien lassen sich nicht auf einen einzigen Nenner bringen. So ist es nicht bestreitbar, dass lange vor der frühbürgerlichen Zeit das Mittelhochdeutsche bereits eine höfisch geprägte literarische Blüte erlebte, man denke an die großen Dichter des Minnesangs; noch steht infrage, dass es in der nur kurzen Regierungszeit Kaiser Maximilians I. (reg. 1508–1519) Aktivitäten zur Vereinheitlichung des Deutschen gab. Richtig ist auch, dass es der Preußenkönig Friedrich II. (reg. 1740–1786) war, der durchsetzte, »daß alle Gesetze für Unsere Staaten und Unterthanen in ihrer eigenen Sprache abgefaßt, genau bestimmt und vollständig gesammelt werden«.[2] Nicht zu leugnen ist auch, dass es Kaiser Joseph II. (reg. 1765–1790) war, der das Deutsche auf der Grundlage des Adelung'schen Wörterbuchs in Verwaltung und Rechtsprechung einführte. Aber auf die lange Dauer gerechnet, die das Deutsche brauchte, um aus der Zweitrangigkeit einer dialektalen und landschaftssprachlichen Zersplitterung herauszutreten und zu einer in allen Funktionsbereichen verwendbaren und verwandten Hochsprache zu werden (vom Beginn der frühbürgerlichen Zeit,[3] also etwa von der Zeit der Hanse bis zum Ende des 18. Jahrhunderts), ist es doch vor allem das aufstrebende und von politischer Macht ferngehaltene Bürgertum mit seiner Bildungsorientierung, das die entscheidenden Anstöße zur Durchsetzung der deutschen Hochsprache gab.

Die vom Bürgertum der Städte vorangetriebene Vereinheitlichung des Deutschen hatte eine materielle Grundlage: Mit der Intensivierung der Handelsbeziehungen im Bereich der Hanse wuchs die Notwendigkeit effizienter Verwaltung und damit auch der geschriebenen Sprache. Schriftlichkeit aber fördert Normgebung. Neben den Lateinschulen entstanden in den Städten private Schreib- und Rechenschulen. Die Einführung des Papiers im 14. Jahrhundert begünstigte schriftlich abgefasste Textsorten bereits vor der Erfindung des Buchdrucks. Der Schriftsprachverkehr der überregional korrespondierenden fürstlichen und städtischen Kanzleien führte bereits zu fünf deutschen Schriftsprachen, die sich von ihrer dialektalen Grundlage entfernten. Und im Zusammentreffen der Erfindung des Buchdrucks mit beweglichen Lettern Ende des 15. Jahrhunderts im publizistischen Wirken der Reformation trat das Deutsche in eine neue Phase.

Lutherdeutsch

Die Sprachen der Kirche waren bis dato die drei heiligen Sprachen Hebräisch, Griechisch und Latein gewesen. Noch 1485 hatte der Mainzer Bischof Berthold von Henneberg unter Androhung schwerer Strafen ein Übersetzungsverbot der Bibel erlassen. Der Klerus misstraute den Laien. Auch wurde die deutsche Sprache als ungeeignet für eine Übersetzung angesehen. Die des Lateinischen unkundigen Gläubigen konnten also die Verkündigung der Glaubenslehre nicht verstehen. Luthers Bibelübersetzung war deshalb ein wagemutiger Schritt. Zwar gab es vor Luther bereits 18 Übersetzungen der Heiligen Schrift, aber erst der Lutherbibel gelang der Durchbruch zu einem Massenpublikum. Schätzungen gehen dahin, dass bis Mitte des 16. Jahrhunderts bereits eine halbe Million Exemplare verbreitet worden war.

Luthers Dialekt war Ostmitteldeutsch. Er beherrschte aber auch das Thüringische, denn beide Dialekte wurden an der Sprachgrenze Wittenbergs verwendet. Sein Vorbild war das sächsische Kanzleideutsch. Er pflegte eine schriftnahe Aussprache, »angelehnt an die niedersächsische und brandenburgische Lautung«, nicht zuletzt geprägt durch die überregionale Hörerschaft der Wittenberger Universität.[4] Das »Sprechen nach der Schrift« sollte die Allgemeinverständlichkeit für Nieder- und Oberdeutsche fördern. Überregionale Verständlichkeit war das Ziel der auf Verkündigung und Bibelkunde ausgerichteten Übersetzungs- und Verbreitungstätigkeit Luthers. »Deutsch für jedermann« kann man dieses Ziel zusammenfassen, ein »verständliches, öffentliches Deutsch für alle Bevölkerungsschichten«.[5]

Luther übersetzte das Neue Testament in nur elf Wochen: »in zweispaltigem Satz mit kleiner Schrift 300 Druckseiten, rund 650 Normseiten«.[6] Er schaute dabei, wie er in einer berühmten Formulierung sagte, dem Volk aufs Maul:

> Man muss die mutter im hause, die kinder auff der gassen, den gemeinen mann auff dem marckt drumb fragen, und den selbigen auff das maul sehen, wie sie reden, und darnach dolmetzschen, so verstehen sie es den, und mercken, das man Deutsch mit in redet.

In der Übersetzung der Heiligen Schrift blieb Luther als Volksprediger nah an der gesprochenen deutschen Sprache. Seine Übertragungen ins Deutsche haben etwas zugleich Eingängiges und Feierliches. Er vermied Grobheiten der Alltagssprache, auch wenn er in anderem Zusammenhang gegen seine Widersacher ordentlich auszuteilen wusste (»Rotzlöffel«).

Luther richtete sich bei seiner Bibelübersetzung nicht

nur nach der Sprache der einfachen Menschen, sondern er erfand selbst viele Wörter und Wendungen. Von seinen Spracherfindungen zehren wir noch heute. Viele sind uns so geläufig, dass wir bei ihnen gar nicht auf die Idee kämen, sie seien einmal erfunden worden: *Machtwort, Feuereifer, Trübsal, wetterwendisch* oder *Langmut*. Aber auch Wendungen wie *Heulen und Zähneklappern, wider den Stachel löcken* oder auch das deftige *Perlen vor die Säue* sind heute noch in Gebrauch.

Die für damalige Zeiten enorme Verbreitung von Luthers Bibelübersetzung wie auch seiner Flugschriften und die sprachliche Umstellung der Glaubensverkündigung in den sich nun rasch bildenden protestantischen Gebieten begünstigten eine sprachliche Vereinheitlichung. Dabei spielten die Drucker eine wichtige Rolle, denn sie waren naturgemäß an möglichst großen Verbreitungsgebieten interessiert. Durch die überregionale Verbreitung von Schriften in der Sprachvarietät Luther'scher Prägung bildeten sich Vorformen des Hochdeutschen heraus. Nicht umsonst sind wir auch heute noch imstande, die Bibel in der Übersetzung Luthers zu lesen und zu verstehen – eben weil seine Sprachverwendung auch für spätere Zeiten grundlegend war.

Freilich ging es Luther nicht in erster Linie um die deutsche Sprache, sondern um die Verkündigung des Glaubens und deren Verständlichkeit. Dieses Ziel erreichte er. Aber darüber hinaus verhalf er mit seinem Volksbuch der deutschen Sprache insgesamt zu einem höheren Prestige, weil das Deutsch, das er verwandte, »aus der Mitte der damaligen Gesellschaft« kam.[7]

Auf dem Weg zu den deutschen Wissenschaftssprachen

Die deutschen Universitäten blieben lange ein Hort des Lateins. Gewiss spricht einiges für eine universelle Wissenschaftssprache, zum Beispiel die grenzüberschreitende Verständlichkeit und die Bildung einer internationalen Gemeinschaft von Wissenschaftlern. Warum aber entwickelten sich in der frühen Neuzeit trotzdem nationale Wissenschaftssprachen, sodass der Gebrauch des Lateins zurückging?

Ein Beispiel ist Galileo Galilei (1564–1642), der einen Teil seiner Schriften nicht mehr in Latein, sondern in Italienisch verfasste. Der Sprachwissenschaftler Winfried Thielmann ist den Ursachen der Entwicklung nationaler Wissenschaftssprachen nachgegangen. Er kommt zu dem Ergebnis, dass sie ein Motor der Innovation gewesen seien, weil sie »von Gesellschaften getragen werden, also Sprachen [sind], in denen die gesellschaftliche Aneignung von Wirklichkeit aufgehoben ist«. Und Thielmann fährt fort: »Damit kann die wissenschaftliche Erkenntnis über die Vernakulärsprachen [Verkehrssprachen] auch auf die Gesellschaften zurückwirken.«[8] Denn wissenschaftliche Erkenntnisse können sich durch den Kontakt zwischen Wissenschaftssprachen und Allgemeinsprache schneller verbreiten und ihren Nutzen entfalten, sodass sie mittels praktischer Anwendung neue Anregungen aufnehmen und sich dadurch wiederum weiterentwickeln.

In einer Studie zur Geschichte der Sprachkritik beschreibt der Sprachwissenschaftler Jürgen Schiewe den Fall des deutschen Arztes und Wissenschaftlers Paracelsus

(1493–1541). Das Lateinische war in seinem Metier noch so verbreitet, dass die Erkenntnis, man könne »einen Kranken (…) auf Deutsch kurieren«,[9] sich überhaupt erst durchsetzen musste. Schiewe macht deutlich, dass dieser Sprachwechsel vom Lateinischen zum Deutschen auch eine Abkehr von scheinbar unanfechtbaren Autoritäten war, also ein Akt *fachlicher* Emanzipation, und dass dies den Weg zu den Fakten in dem Sinne frei machte, »daß eine praktisch vollzogene Hinwendung zu den konkreten Dingen als Erkenntnisgegenstände stets die Volkssprache als Darstellungsmittel in den Vordergrund rückte«.[10] Denn die Volkssprache hatte einen Alltagsbezug, der dem Lateinischen fehlte. Es ging um eine deutsche Wissenschaftssprache, »die die Sprachentrennung zwischen Gelehrten und Laien aufheben sollte«.[11]

Diese frühaufklärerischen Ziele waren in der frühen Neuzeit an den Universitäten im Heiligen Römischen Reich Deutscher Nation keineswegs verbreitet; sie stießen im Gegenteil auf erheblichen Widerstand. Ein berühmtes Beispiel ist der Fall des Christian Thomasius (1655–1728), der an der Universität zu Leipzig mit der Ankündigung, eine Vorlesung auf Deutsch zu halten, einen Skandal auslöste und die Universität verlassen musste. Thomasius beschreibt den Skandal mit seinen Worten:

> Als ich für ohngefehr dreyszig Jahren ein teutsch Programma in Leipzig an das schwartze Bret schlug, in welchem ich andeutete, dasz ich über des Gracians Homme de cour lesen wollte, was ware da nicht für ein entsetzliches lamentieren! Denckt doch! Ein teutsch Programma an das lateinische schwartze Bret der löbl. Universität.[12]

Wir schreiben das Jahr 1687, es war also über 150 Jahre nach der Reformation! Und es sollte auch danach noch ein langer Weg bleiben, bis Deutsch als Vorlesungssprache an deutschen Universitäten hoffähig war; letztlich dauerte es bis ins 19. Jahrhundert hinein. Vorkämpfer wie Thomasius bereiteten mutig den Weg. In Halle konnte er lehren, und bald folgten weitere Universitäten seinem Beispiel. Auch gab er die erste deutschsprachige wissenschaftliche Zeitschrift heraus.[13] Schon der Philosoph Gottfried Wilhelm Leibniz (1646–1716) hatte in einer »Ermahnung an die Deutschen, ihren Verstand und ihre Sprache besser zu üben« in aufklärerischer Absicht eine deutsche Wissenschaftssprache gefordert, wenngleich er selbst vornehmlich auf Französisch publizierte. Dem praktischen Beispiel Thomasius' folgte der Philosoph und Mathematiker Christian Wolff (1679–1754), der Beiträge zu einer deutschsprachigen wissenschaftlichen Terminologie in der Absicht erarbeitete, »daß auch andere meine Schriften lesen sollten, die nicht studiret und niemahls lateinisch gelernet haben«.[14]

Die Wissenschaften in Deutsch zu fassen und zu vermitteln geschah also in aufklärerischer Absicht, und genau so ist das damalige Ringen um deutsche Wissenschaftssprachen zu verstehen, ein Verständnis, das heutzutage wenig verbreitet ist, wo entsprechende Bemühungen rasch dem Verdacht der Deutschtümelei ausgesetzt sind. Dass es dabei um eine fruchtbare Verbindung von Fachsprachen und Gemeinsprache geht, wird oft nicht gesehen. Die damaligen Sprachaufklärer sahen es.

Die Vereinheitlichungstendenzen, die zu einer Normierung der deutschen Hochsprache führten, wurden durch bürgerliche Gelehrte gefördert, die sich im 17. und 18. Jahrhundert der genauen Beschreibung der deutschen Sprache widmeten. Es war die Zeit der »bildungsbürgerlichen Sprachkultivierung«,[15] einer Antwort auf die Zersplitterung des Reiches als Folge der nur teilweise durchgesetzten Reformation und insbesondere des Dreißigjährigen Krieges. Beides warf Deutschland zurück. Dies betraf auch die Herausbildung einer gemeinsamen deutschen Hochsprache. Der Sprachwissenschaftler Ulrich Ammon fasst die Wirkung des Westfälischen Friedens wie folgt zusammen: »Mochten die Interessen der verschiedenen Großmächte, die sich an dem Krieg beteiligten, ausbalanciert sein, wie dieser Friede heute häufig positiv bewertet wird; der Standardisierung der deutschen Sprache und ihrer Stellung in Europa und in der Welt war er abträglich. Die Territorialisierung oder sogar Provinzialisierung des Reiches war damit auf lange Zeit festgeschrieben.«[16]

Neben das Latein des Klerus und der Wissenschaften trat nun als eine weitere, vom Volk nicht beherrschte Elitesprache vermehrt auch noch das prestigeträchtige Französische. Gleichzeitig wurden aber deutsche Sprachgesellschaften gegründet, die sich nach dem Vorbild der einflussreichen italienischen Accademia della Crusca der Pflege und Anerkennung der deutschen Sprache widmeten, auch als Gegenreaktion gegen das Alamodewesen der Höfe, die das Französische bevorzugten. Diesem Kreis sprachpatriotischer Sprachgesellschaften entstammten wegweisende Sprachgelehrte und Literaten, die Beiträge zur Kodifizierung und damit auch zur Normierung des Deutschen als Hochsprache für Literatur und Wissenschaft leistete: Wolfgang Ratke (1571–1635) entwickelte ein Reformprogramm für deutschsprachigen Unterricht. Christian Gueintz (1592–1650) veröffentlichte 1641 eine »Deutsche Sprachlehre«. Als erster großer Grammatiker des Deutschen gilt Georg Schottel (1612–1676) mit einer 1663 erschienenen, über 1000 Seiten starken »Ausführlichen Arbeit Von der Teutschen HaubtSprache«. Der Grammatiker Johann Christoph Gottsched (1700–1766), Professor für Philosophie, Rhetorik und Poesie an der Leipziger Universität, veröffentlichte 1748 die »Grundlegung einer deutschen Sprachkunst«.

Großen Einfluss auf die Normierung einer deutschen Hochsprache hatte das fünfbändige Wörterbuch von Johann Christoph Adelung (1732–1806), ein 1808 veröffentlichtes vorbildliches Kompendium mit 58 500 Worteinträgen. Es enthält Worterklärungen, grammatische Gebrauchshinweise, Angaben zur Wortherkunft, zu mundartlichen Prägungen und zur Aussprache. Das normative Wörterbuch hatte über lange Zeit Geltung. Auch Goethe und Wieland zogen es heran.

Beherzt normierend wirkten auch die Späthumanisten Philipp von Zesen (1619–1689) und Joachim Heinrich Campe (1746–1818). Wegen der starken Stellung des Lateinischen und des Französischen ging es den beiden Sprachkultivierern bei ihrer Verdeutschungsarbeit um die Verständlichkeit der Sprache und um ihre Weiterentwicklung zu einer voll ausgebildeten Literatur- und Wissenschaftssprache. Sie übertrugen Fremdwörter ins Deutsche und waren damit in vielen Fällen erfolgreich. Von Zesen prägte

Begriffe wie Rechtschreibung (für Orthografie), Verfasser (für Autor) oder Anschrift (für Adresse). Campe, Freund der Französischen Revolution, erfand im Sinne einer »allgemeinen Volksaufklärung« 3000 deutsche Wörter.[17] Viele von ihnen sind uns heute selbstverständlich, so als hätte es sie immer schon gegeben: Erdgeschoss (für Parterre), Feingefühl (für Delikatesse), Gebärdensprache (für Pantomime), Hochschule (für Universität). Leider sind missglückte Erfindungen wie Dörrleiche (für Mumie) fast schon ebenso bekannt. Dass aber doch viele Worterfindungen der beiden Sprachkultivierer bis heute gebräuchlich sind, zeigt ihr Geschick.

Diese Bemühungen um eine wohlgeformte deutsche Hochsprache standen im Gegensatz zum Desinteresse der höfischen Eliten. Sie bedienten sich unter ihresgleichen bevorzugt des Französischen, während sie mit ihren Untergebenen ein dialektales und oft fehlerhaftes Deutsch sprachen – und schon gar schrieben. Nicht besser machte es Friedrich II., der in einem Brief an seinen Bruder berlinerte: »Ich bitte dihr recht sehr, nehme dir doch gegen dene Schlimme Zeiten recht in acht!«[18]

Anders als in Frankreich, wo die 1635 von Richelieu gegründete Académie française die »Sprache des Hofes« als Norm setzte, war es in Deutschland das aufstrebende Bildungsbürgertum, waren es Volkspädagogen, Schriftsteller, Kanzleischreiber und Drucker, die seit der frühbürgerlichen Zeit die deutsche Sprache als Ausweis ihrer kulturellen Identität zur Hoch- und Schriftsprache mit überregional geltenden Normen weiterentwickelten. Eine deutsche Akademie nach französischem Vorbild wurde den Sprachaufklärern bei ihren Normierungsbemühungen nicht zur Seite gestellt. Die Sprache der Berliner Akademie der Wissenschaften war … Französisch. Sie befasste sich nicht etwa mit dem Zustand der deutschen Sprache, sondern stellte 1782 eine Preisfrage nach den Gründen der Weltgeltung des Französischen.

Kultursprache, Literatursprache

Es ist, als würde sich in der Zeit zwischen dem ausgehenden 18. und dem beginnenden 19. Jahrhundert alles bündeln: Sprachgelehrte fassten den Sprachschatz des Deutschen zusammen und trugen entscheidend dazu bei, dass sich eine Norm herausbildete, die in dem sich ausweitenden Schulwesen unterrichtet, von den Druckern gedruckt, den Wissenschaften verwendet und den Literaten schöpferisch angewandt und weiterentwickelt werden konnte. Eine unglaubliche Fülle großer Köpfe nutzte und prägte das Deutsche in höchster sprachlicher Qualität. Wohl kaum jemals zuvor oder danach erfuhr es einen derartigen Schub, allerhöchstens zur vorletzten Jahrhundertwende und in den 1920er-Jahren. Sturm und Drang entfalteten sich und trieben der deutschen Sprache Pedanterie und Stubengelehrtheit aus. In der sprachlichen Konzentration der Klassik wurden ihre poetischen Ausdrucksmittel auf hohen Stand gebracht. Die Verbindung des Deutschen mit der »Humanitätsutopie«[19] Goethes und Schillers wurde versinnbildlicht im Begriff der Kulturnation – das Gegenteil eines engstirnigen Nationalismus, sondern Inbegriff eines sprachlich-kulturell selbstbewussten und zugleich weltoffenen Bildungsbürgertums.

Der Begriff der Klassiker erhielt wörtliche Bedeutung durch die Tatsache, dass Werke der Weimarer Klassik im

19. Jahrhundert zur gehobenen Pflichtlektüre in den Schulklassen der Gymnasien wurden und dadurch massenhaft Verbreitung fanden. Nicht nur regelkonformes, richtiges Deutsch wurde zum Bildungsideal erkoren, sondern auch literarisches Deutsch: Die Nachahmung der großen Klassiker wurde zum anzustrebenden Ideal erhoben, schon gar nach dem euphorischen Schillerjahr anlässlich des 100. Geburtstags des Dichters im Jahr 1859.

Die »bildungsbürgerliche Literaturblüte«[20] trug dazu bei, dass das Deutsche nicht nur in Grammatik und Wortschatz kodifiziert, sondern zu einer Bildungssprache wurde, in der sich das Gebildetsein zeigte. Man ermisst die Wegstrecke, die das Deutsche zurückgelegt hatte! Im Kontrast zu der langen Zeit, in der sich das Bewusstsein von der Berechtigung einer deutschen Sprachnormierung überhaupt erst bilden und verbreiten musste, wurden nun hohe Ansprüche an sprachliche Korrektheit gestellt. Dies galt auch für Fürstenhöfe. Sprachbeherrschung im Deutschen wurde jetzt zu einer Frage des Prestiges. Dass im Anschluss an den großen Einfluss des Sturm und Drang und der Weimarer Klassik auch noch die überwiegend von Deutschland ausgehende literarische Epoche der Romantik eine Vielzahl großer Literaten hervorbrachte, verschaffte dem Deutschen innerhalb und zunehmend auch außerhalb der eigenen Sprachgemeinschaft hohes Ansehen.

Im ganzen Verlauf des 19. Jahrhunderts trat die Wirkung der bedeutenden deutschsprachigen Philosophie, der Wissenschaften und Musik hinzu. Am Ausgang dieses Jahrhunderts war das Deutsche denn auch als Hochsprache gefestigt und durchgesetzt. Mehr noch, es war zum entscheidenden Merkmal kultureller und – im Falle des Bismarck-Reichs – nationaler Identität der verspäteten Nation geworden.

Grimms Lautgesetz, Wörterbuch und Grammatik

Doch gehen wir noch einmal an den Anfang des für die Normierung des Deutschen so wichtigen 19. Jahrhunderts zurück. In dieser Zeit entstanden neue wissenschaftliche Disziplinen: die allgemeine Sprachwissenschaft und die Germanistik. Friedrich Schlegel (1772–1829) entdeckte wie auch der Sprachgelehrte Franz Bopp (1791–1867) Gemeinsamkeiten der europäischen Sprachen mit dem alten Sanskrit. Die Annahme einer gemeinsamen Ursprache schien plausibel. Schlegel und der Däne Rasmus Christian Rask (1787–1832) erkannten, dass im Laufe der Sprachentwicklung bestimmte Laute durch andere verdrängt und in manchen Fällen die ersetzten Laute an anderer Stelle wieder eingesetzt wurden, sodass eine »Verschiebung« innerhalb des Lautsystems entstand.

Jacob Grimm (1785–1863) wandte das Konzept der Lautverschiebung auf die deutsche Sprache an und arbeitete das Lautgesetz aus. Er beschrieb als Erster die Germanische Lautverschiebung. Grimm konnte zeigen, durch welche Konsonantenverschiebungen die germanischen Sprachen ihre eigenen Wege als Sprachfamilie nahmen, und dass sie sich auf diese Weise von den anderen indogermanischen Sprachen unterschieden. Grimms Beschreibung erlangte als »Grimm's Law« internationale Geltung. Wie aber hatte sich nun wiederum das Althochdeutsche aus dem Germanischen entwickelt? Grimm entdeckte auch das Lautgesetz für diesen Entwicklungsschritt: die zweite, die sogenannte althochdeutsche Lautverschiebung.[21]

Sprachvergleiche erwiesen sich also als überaus fruchtbar für die historische Rekonstruktionen auch ferner Sprachzustände. So entstand die historisch-vergleichende Sprachwissenschaft. Ihr Kerngebiet war für lange Zeit die Indogermanistik. In ihrer Folge entwickelte sich auch die wissenschaftliche Beschreibung des Deutschen als eigenständiges Fachgebiet: die Germanistik. Jacob Grimm legte mit seiner im Laufe von 18 Jahren immer wieder ergänzten vierbändigen und 3500 Seiten starken »Deutschen Grammatik« den Grundstein für dieses bedeutende wissenschaftliche Fach. Sowohl die historisch-vergleichenden Forschungen zur deutschen Sprache wie auch deren grammatische Beschreibung und schließlich auch die in Genauigkeit und Ausmaß alles Bisherige in den Schatten stellende Wortschatzarbeit der Brüder Grimm – das »Deutsche Wörterbuch« – zeugten davon, dass die deutsche Sprache im Kreise der großen Kultursprachen angekommen war, und zwar erstaunlicherweise, ohne dass staatliche Eingriffe dabei eine große Rolle gespielt hätten. Diese Besonderheit sollte das Verständnis der deutschen Sprachgemeinschaft von der Sprachentwicklung als evolutionärer, aus der Mitte der Gesellschaft kommender Prozess prägen – eine Anschauung, die Friedrich Schiller mit seiner gerade nicht auf den Staat gerichteten Idee von der sprachlich, geistig und kulturell geprägten Kulturnation in einen größeren Zusammenhang gerückt hatte. Die im 19. Jahrhundert einsetzende nationale Engführung mit ihrem Konkurrenzdenken gegenüber anderen Sprachen bot dazu gerade keine Entsprechung.

Die Absichten und Ansichten der Erfinder der Sprachwissenschaft und Germanistik hatten mit diesem Denken nichts gemein. So wandte sich Jacob Grimm beispielsweise gegen die Sprachregulierung der Académie française. Ihm ging es eben nicht um sprachliche Vorschriften, sondern um das Erkennen systematischer Verläufe, um den »unabänderlichen Gang« in einem sich nach inneren Kräften entwickelnden Sprachsystem, die er dann als wissenschaftliche Gesetze formulierte. Wohl erklärt sich aus dieser weitverbreiteten Einstellung zur Sprache, dass – wesentlich später, zum Jahrhundertende – nicht einmal eine in Aussicht gestellte private Schenkung von 100 000 Mark zur Gründung einer deutschen Sprachakademie auf das Interesse der Politik traf. Die Hochsprache hatte sich einschließlich ihrer Normierung ohne staatliche Regelungen, gewissermaßen »wie von selbst«[22] herausgebildet. Die Sprache sollte sich naturwüchsig ohne staatlichen Zugriff entwickeln können.

Humboldts Weltansichten

Einen anderen Zugang zur Erforschung der Sprachen entwickelte Wilhelm von Humboldt (1767–1835). Er erforschte die Strukturen etlicher Sprachen, vom Baskischen bis zu den indigenen Sprachen Amerikas. Wohl kaum jemand hat sich zu seinen Lebzeiten so viele verschiedene Sprachen angeeignet und beschrieben. Ihm ging es dabei nicht um historisch-vergleichende Sprachbetrachtungen, sondern um die Erforschung der Eigentümlichkeit der verschiedenen Sprachen und damit um die Beantwortung der Frage, wie die Erfassung der Welt in einer besonderen

Sprache die Weltsicht der Sprecher prägt. Die Sprachen sind in seiner Sicht keine verschiedenen Etiketten für bereits bestehende, universelle vorsprachliche Gedanken und Vorstellungen, sondern: »Die Sprache ist das bildende Organ des Gedankens.«[23] Daher gehen auch Sprache und Kultur eine enge Verbindung ein: »Ihre Verschiedenheit [die der Sprachen] ist nicht eine von Schällen und Zeichen, sondern eine Verschiedenheit von Weltansichten selbst.«[24] Jede Sprache zeigt uns eine besondere »Weltansicht«. Die Sprache entspringt dieser Weltansicht, und sie drückt diese Weltansicht zugleich auch aus. Die Sprache ist die »äußerliche Erscheinung des Geistes der Völker«, so Humboldt in einer berühmten Formulierung.

Sein Interesse galt also nicht nur dem Sprachbau verschiedener Sprachen, sondern auch ihrem Verhältnis zu den jeweiligen Kulturen. Der Sprachwissenschaftler Jürgen Trabant, der sich um die Wiederbelebung des Sprachdenkens Humboldts in unserer Zeit überaus verdient gemacht hat, nennt ihn deshalb treffend den Begründer einer »anthropologisch-vergleichenden Sprachwissenschaft«.[25] Heutzutage können wir von diesem Ansatz unter anderem die Tatsache lernen, dass es nicht gleichgültig ist, wenn eine Sprache untergeht, sondern dass damit auch Kulturen sterben. Umgekehrt bedeutet dies, dass Sprachpflege nicht nur eine Angelegenheit von Sprachwissenschaftlern sein sollte, sondern die ganze Sprachgemeinschaft angeht.

Als Begründer der Allgemeinen Sprachwissenschaft war Wilhelm von Humboldt vor allem der Verschiedenheit der Sprachen und ihrer Sicht der Welt zugewandt. Es ist ein wegweisendes, kluges, aber auch schönes Denken, das der menschlichen Vielfalt, ganz im Sinne von Aufklärung, Humanismus und romantischer Völkerfreundschaft entspringt, jenem Geist, der auch die wissenschaftliche Beschäftigung mit der deutschen Sprache als berechtigt und würdig erscheinen ließ.

Größenwahn und Verbrechen

Dass der deutschen Sprache im weiteren Verlauf des 19. Jahrhunderts durch engstirnige nationale Zuspitzungen und grobe Einseitigkeiten wiederum eine Überlegenheit über andere Sprachen angedichtet und in den Ostgebieten des Reichs wie auch im Elsass und in Lothringen eine rabiate Eindeutschungspolitik betrieben wurde, widersprach dem Geist, aus dem sich das Deutsche über lange Zeit fernab politischer Instrumentalisierung aus der Mitte der Gesellschaft zur Hochsprache entwickelt hatte. Die unseligen Einlassungen des 1885 gegründeten Allgemeinen Deutschen Sprachvereins, dessen extremer Purismus später sogar das NS-Regime enervierte, sodass Hitler sprachpuristische Versuche des Vereins verbieten ließ – man nutzte schließlich zur Verbrämung verbrecherischer Handlungen durchaus auch Fremdwörter und wollte sich insgesamt eher »modern« geben –, gehören wie auch die fortgesetzte unterdrückerische Sprachpolitik des Hitler-Faschismus zu den finstersten Seiten der deutschen Sprachgeschichte. Gleiches gilt überhaupt für die Verheerung ihres Ansehens in der Welt durch die Indienstnahme der deutschen Sprache für Größenwahn im Ersten und für Versklavung, Völkermord und den Holocaust im Zweiten Weltkrieg.

Der Rückgang des Deutschen als internationale Wissenschaftssprache, der bereits nach dem Kulturbruch des Ersten Weltkriegs einsetzte, der Bedeutungsverlust in internationalen Organisationen als Folge des Zweiten Weltkriegs, die Befleckung der deutschen Sprache durch den politischen und kulturellen Bruch mit jeglicher Form von Zivilisiertheit, ganz zu schweigen von Humanismus und Aufklärung – all das hat das Bild der deutschen Sprache in der Welt stark eingetrübt, auch wenn immer wieder Stimmen laut wurden, die der Sprache selbst die ungeheuerlichen Verbrechen nicht anlasteten. Aber sie waren auf Deutsch begangen worden, und auf Deutsch hatten sie – im Gegensatz zu dem, was manche seiner Verehrer vielleicht erhofft hatten – auch nicht verhindert werden können. Die deutsche Sprache war schwer missbraucht worden. Peter Eisenberg fasst zusammen: »Die Scham ist geblieben. Es ist die Scham über den Faschismus, nicht über die deutsche Sprache.«[26]

Aber wie hatte diese instrumentalisierte Sprache auch geklungen? Heinrich Manns 1914 geschriebener Roman »Der Untertan« zeichnete ein Sittenbild von Doppelmoral, Größenwahn und Untertanengeist. »Wer treten will, muss sich treten lassen«, so die abstoßende Lebensweisheit des Romanhelden. Die technizistischen Verbrämungen, die den Sprachgebrauch des NS-Regimes kennzeichneten, hat der Romanist Viktor Klemperer in seinen berühmten Sprachtagebüchern festgehalten. Die Hetzreden der Führungsfiguren des Regimes zeigten, wie die einst geschätzte Sprache der Literatur, Philosophie und Wissenschaften nun für Verbrechen gegen die Menschlichkeit missbraucht werden konnte. In unzähligen Verfilmungen sollte das Deutsche im Ausland auf Jahre hinaus mit der gebellten Kommandosprache der Hitler-Diktatur verbunden werden.

Dass mit dem am 23. Mai 1949 verkündeten Grundgesetz für die Bundesrepublik Deutschland ein einfacher, klarer und würdiger Rechtstext als Fundament eines freiheitlichen und später dann auch wiedervereinten Deutschland diente, läutete, wie auch die wiedererwachende experimentierfreudige deutsche Literatur, eine Zeit sehr langsamer Rehabilitierung der deutschen Sprache ein, noch viele Jahre allerdings behindert durch den unseligen und in Teilen karikaturesken Politikjargon, den das DDR-Regime der Bevölkerung hinter dem Eisernen Vorhang aufzwang. Doch von zwei unterschiedlichen deutschen Nationalsprachen, wie es sich die Führungsriege des Regimes in völliger Selbstüberschätzung seit den 1970er-Jahren groteskerweise erträumte, konnte weder vor noch nach der Wiedervereinigung Deutschlands die Rede sein. Man verstand sich jedenfalls sprachlich mühelos.

Auf der Beliebtheitsskala der Nationen steht Deutschland seit Jahren mit an der Spitze – wegen seiner Wirtschaftsleistung, Stabilität und offenen Gesellschaft. Das ist höchst erfreulich. Aber zu Recht beklagt der Literaturwissenschaftler Dieter Borchmeyer am Ende seiner über 1000 Seiten starken Beantwortung der Frage »Was ist deutsch?«: »Dass Deutschland einmal als ›Land der Kultur‹ bezeichnet wurde, gar als ›Volk der Dichter und Denker‹ kommt bei diesen Umfragen kaum jemandem in den Sinn.«[27] Lang ist es her, dass man mit Deutschland vor allem kulturelle Meisterleistungen und »das köstliche Gut der deutschen Sprache« (Friedrich Schiller) verband. Warum aber ein traditionsbewussteres kulturelles Selbstverständnis mehr als nur eine freundliche Beigabe wäre, darauf macht die Schriftstellerin Thea Dorn aufmerksam. In ihrem Buch »Deutsch, aber nicht dumpf« mahnt sie einen weltoffenen deutschen Kulturpatriotismus als Voraussetzung für den so wünschenswerten Verfassungspatriotismus an.[28] Dazu müsste freilich der deutschen Sprache eine ganz andere Rolle zuerkannt werden als die rein funktionale, die heutzutage vorherrscht, wobei ja auch diese Rolle gern infrage gestellt wird.

Noch einmal zurück

Doch kehren wir noch einmal zum späten 19. Jahrhundert zurück. Auch damals war noch einiges wirksam von dem eher staatsfernen Geist, der die Entwicklung des Deutschen bis dahin geprägt hatte. Davon zeugt einmal die bereits erwähnte Ablehnung des Vorschlags einer »Deutschen Akademie zur Normierung der deutschen Sprache und ihrer Weiterentwicklung zu einer Weltsprache« im Jahr 1889 durch eine große Gruppe von Germanisten wie auch die Reichsregierung selbst. Der Germanist Karl-Heinz Göttert erläutert: »Zu tief saß die romantische Überzeugung von der organischen Sprachentwicklung als einzig angemessener.«[29]

Dafür spricht aber auch der Weg, der zur verbindlichen deutschen Rechtschreibung führte. Aus heutiger Sicht erscheint es rätselhaft, dass eine einheitliche deutsche Rechtschreibung erst im Jahr 1901 bei der Zweiten Orthographischen Konferenz von den deutschsprachigen Ländern angenommen wurde, nachdem eine erste Konferenz 1871 kläglich gescheitert war. Immerhin aber behielten die dann getroffenen Regelungen ihre Gültigkeit bis … 1996.

Ganz in der Tradition der Entwicklung des Deutschen liegt es, dass es ein Gymnasialdirektor war, also ein Privatmann, der die deutsche Rechtschreibung in der Folge jahrelanger Auseinandersetzungen um historische oder lautliche Schreibung und um Groß- und Kleinschreibung selbst entwickelte, und dass sich diese Schreibung auch durchsetzte. »Den Regierungen – so verordnungsfreudig sie sonst sein mochten – lag der Gedanke, die Sprache oder die Schreibung zu regulieren, völlig fern«, erläutert der Germanist Wolfgang Krischke.[30] Es war den Schulen zunächst selbst überlassen worden, wie ihre Schüler schreiben sollten. In dieser verworrenen Lage entwickelte Konrad Duden aus seiner unterrichtlichen Praxis heraus ein Grundlagenwerk, den sogenannten Ur-Duden. Indem er historisch gewachsene Schreibungen respektierte und die Großschreibung – anders als von den Brüdern Grimm vorgeschlagen – beibehielt, indem er aber bei seinen Vorschlägen auch das Lautprinzip respektierte, schuf er einen orthografischen Kompromiss. Der Ur-Duden von 1880 – ein schmaler Band von 187 Seiten zum Preis von einer Mark – verbreitete sich rasch. Die 7. Auflage des Duden von 1902 besaß bereits den Status des verbindlichen Wörterbuchs – eine Monopolstellung, die der Duden erst 1996 mit Einführung der umstrittenen Rechtschreibreform einbüßen sollte.

Die den sprachlichen Gewohnheiten teils zuwiderlaufenden vereinfachenden Vorschläge dieser Reform sollten hingegen starken Widerstand von allen Seiten hervorrufen. Der Rat für deutsche Rechtschreibung, ein Gremium, dem Vertreter der Länder angehören, in denen Deutsch nationale oder regionale Amtssprache ist, sah sich einem Sturm der Entrüstung ausgesetzt. Regierungsstellen wissen seither um die Risiken solcher Reformen. Die Reform der Reform von 2006 geriet denn auch zu einem Kompromiss, der seither eher unwillig von der Sprachgemeinschaft befolgt wird – wenn überhaupt. Die Reform kam eben nicht aus der Mitte der Gesellschaft, sondern von den Schreibtischen reformfreudiger Linguisten, die die Anhänglichkeit großer Teile der Sprachgemeinschaft an das bereits Erlernte unterschätzten. Der Vorsitzende des Rats für deutsche Rechtschreibung von 2004 bis 2016, Hans Zehetmair, ein erfahrener und gewiefter Wissenschaftsminister, erlebte ebenso unerwartete wie unangenehme Überraschungen mit der allgemeinen Aufregung über die Rechtschreibreform, sodass er allen Politikern dringend riet, die Finger davon zu lassen, das sei nicht ihr Metier.[31] Die Sprachgemeinschaft entdeckt das Thema der deutschen Sprache offenbar vor allem dann wieder, wenn es strittig wird. Die Folgen sind dann nicht kalkulierbar. Die Klugheit gebietet es, diese Erfahrungen bei weiteren ehrgeizigen Reformversuchen zu beachten.

Ähnlich wie im Falle der durch Konrad Duden zusammengeführten deutschen Rechtschreibung verhielt es sich mit den Regeln der Aussprache. Wie sollte das Schriftdeutsch vorgetragen werden? Gegen Ende des 19. Jahrhunderts gab es ja noch keinen Rundfunk, der eine einheitliche Lautung erfordert hätte. Allerdings war das gesprochene Deutsch auch die Sprache des Theaters. Wie also sollten die Schauspieler das Deutsche auf der Bühne aussprechen? Wie sollten die Sänger das Deutsche im Musiktheater vortragen?

Bezüglich der Hochlautung gab es keine verbindliche Regel. Man sprach auch das Hochdeutsche in jeweiliger regionaler Färbung aus. Es war ein Germanist, Theodor Siebs, der 1898 die »Deutsche Bühnensprache« herausbrachte, ein Kompendium, das sich weitgehend an der norddeutschen Lautung orientierte. Schon ein Jahr später wurde diese Hochlautung für den Schulunterricht empfohlen. In der Zwischenkriegszeit wurden Siebs' Ausspracheregeln als Hochlautung verbindlich. 1931 wurden sie als Aussprachenorm für Rundfunksprecher festgelegt. Die überregionale Aussprache sollte sich durch den Einfluss des Rundfunks und später durch das Fernsehen rasch als Norm durchsetzen und dialektale Lautungen zurückdrängen, wenn auch landschaftliche Mitklänge insbesondere südlich des Mains nach wie vor verbreitet sind. »Auch diese Seite der Normierung war also wieder einmal allein privater Initiative entsprungen«, fasst Karl-Heinz Göttert diesen sonst eher wenig bekannten Umstand zusammen.[32]

»Unser Standard kommt von unten«, hat mir der Grammatiker Peter Eisenberg einmal in einem Gespräch zutreffend gesagt. »Das macht ihn so stark.«

Nur für Liebhaber: ein Überschuss an grammatischen Formen

Wir haben in diesem Buch das Deutsche mit seinen zehn wichtigsten Vorzügen porträtiert und es dabei als eine der Zuneigung und der Vernunft zugängliche, in manchen Teilen sogar leicht erlernbare Sprache dargestellt; ganz anders freilich als manche Schriftsteller und Sprachwissenschaftler, die ihm einen hohen Schwierigkeitsgrad bis hin zur ausgeschlossenen Erlernbarkeit attestieren. Diesen Stimmen wollen wir nicht zu viel Raum geben, denn sie sind im Unterschied zu den in diesem Buch hervorgehobenen Vorzügen des Deutschen bekannt, ja geradezu populär.

Nun wollen wir zwar einige der von diesen Kritikern gebrandmarkten Kompliziertheiten nicht direkt verschweigen; wohl aber wollen wir sie in ein anderes Licht stellen. Das dürfen wir, weil es sich hier um eine Liebeserklärung handelt. Nicht alles an der geliebten Person muss größtmögliche Vorzüge aufweisen. Zwar sollten die Vorzüge eher überwiegen, damit die Liebe vorhält. Aber auch überraschende, gar sonderbare Eigenheiten dürften sich – als Ausstrahlungswirkung der Liebe – eines gewissen Wohlwollens erfreuen, vielleicht sogar geradezu *wegen* ihrer Besonderheit noch größeres Ansehen hervorrufen als die schieren Vorzüge, deren Lob sich schlicht der Vernunft verdankt, nicht aber unergründlicher Zuneigung.

Wer sich die Sprachen als rein vernünftige Systeme mit maximaler Leistungsfähigkeit für jedweden Gebrauch denkt, geht ohnehin irre. Zwar müssen die Sprachen ihren Sprechern das Reden und das Sprachdenken in einem gesellschaftlichen Rahmen ermöglichen. Schier unermesslich aber ist, was im Spannungsfeld von Sprachökonomie einerseits und Verständlichkeit andererseits an Formen erdenklich ist. Zumal nicht jedes sprachliche Phänomen strikt funktionalen Anforderungen folgt – weit gefehlt. Der vielsprachige Romanist und Sprachwissenschaftler Mario Wandruszka hat in einem bis heute an Kenntnis und Eleganz unübertroffenen Sprachvergleich mehrere europäische Sprachen untersucht. Sein Fazit: »Jede unserer Sprachen ist voll von unaufgelösten Resten einst lebendiger, längst abgestorbener Gedanken, von ungereimten Regeln, von sinnlosen Ausnahmen und Ausnahmen der Ausnahmen.« In Übersetzungsvergleichen des Deutschen, Englischen, Französischen, Spanischen, Portugiesischen und Italienischen spürt Wandruszka der sprachlichen Vielfalt nach, um zu zeigen, »wieviel zufälliger Mangel, wieviel Zufallsreichtum, wieviel Zufallsüberfluss in unseren Sprachen ist, wieviel zufälliges Überangebot«.[1]

Überhaupt der Wert sprachlicher Vielfalt! Was wir durch die verschiedenen Weltansichten der Sprachen gewinnen, darauf hat schon Wilhelm von Humboldt hingewiesen. Und was wir mit dem Sterben von Sprachen kulturell verlieren, wurde in jüngerer Zeit eindrucksvoll von dem australischen Linguisten Nicholas Evans beschrieben. Noch einen Schritt weiter geht der Sprachphilosoph Rolf Elberfeld, indem er darauf aufmerksam macht, dass sogar das philosophische Denken von grammatischen Strukturen verschiedener Sprachen beeinflusst ist, zum Beispiel dann, wenn es um höchst verschiedenartige Zeit- und Subjektstrukturen geht. »Es gilt daher«, schreibt Elberfeld, »die Vielfalt der Sprachen erneut als Herausforderung für die Entwicklung der Philosophie im 21. Jahrhundert ernst zu nehmen und für das Philosophieren in einer globalen Welt zu reflektieren. Philosophie ist mehr denn je angewiesen auf die Vielfalt der Sprachen (…).«[2]

Der polyglotte Sprachgelehrte Harald Haarmann hat in einem Buch über die »seltsamsten Sprachen der Welt«

dazu eingeladen, die »Vielzahl sprachlicher Sonderformen als Reichtum zu begreifen«.[3] Gemessen an der Häufigkeit seltener Merkmale steht das Deutsche Haarmanns Auswertung zufolge übrigens auf Platz zehn (bei dieser Bestenliste hatten die durch die Verbklammer hervorgerufenen komplexen Bandwurmsätze des Deutschen offenbar großes Gewicht).

Ein Überangebot an Formen bietet das Deutsche jedenfalls teilweise in den Nominalgruppen; Mark Twain stellt sie an den Pranger.[4] Nominativ: ein guter Freund; Genitiv: eines guten Freundes; Dativ: einem guten Freund; Akkusativ: einen guten Freund. Gleich drei Glieder dieser Nominalgruppe müssen dekliniert werden. Anders ist es wiederum, wenn ein bestimmter Artikel im Nominativ die Nominalgruppe einleitet: der gute Freund. Und so vielfältig geht es weiter im Plural.

Man kann das mit Fug und Recht als Übermarkierung bezeichnen. Der Sprachwissenschaftler Thorsten Roelcke schreibt in seinem Buch über die Sprachtypologie des Deutschen wohlwollend milde von einer »nicht unerheblichen Variation«.[5] Bevor man aber nur den Kopf schüttelt – es gibt immerhin doch eine gewisse logische (allerdings trotzdem komplizierte) Mechanik hinter dem Ganzen: Wie die Linguistin Gisela Zifonun darlegt, herrscht hier ein »Prinzip der flektivischen Kooperation«, denn »Begleiter und Kopf übernehmen jeweils die Hauptlast für die Funktionen, die sie am besten leisten können«.[6] Mit anderen Worten: Wenn einer stark reagiert, darf der andere schwach bleiben. Je nun …

Freilich erlauben diese dreifachen Kasusmarkierungen auch eine Flexibilität im Satz, die anderen Sprachen, welche hier sparsamer sind, so nicht zu Gebote steht. Mario

Wandruszka wendet jedoch dagegen nun wiederum ein, dass das deutsche Deklinationssystem, so stark markiert es in Teilen auch sein mag, leider inkonsequent ist. Denn wenn wir auch unmissverständlich sagen können »den Lehrer beurteilt die Schulbehörde«, so können wir das im Plural nicht. In dem Beispiel »Die Schüler beurteilen die Lehrer« können wir nur aus unserem Weltwissen heraus zu der Interpretation kommen, dass die Schüler vermutlich im Akkusativ stehen, nicht aber durch eine Kasus-Markierung. Hier fehlt also eigentlich eine entsprechende Form. »Das ist ein ganz mangelhaftes System«, lautet denn auch das ernüchternde Urteil Wandruszkas.[7]

Also einerseits Übermarkierung, andererseits Untermarkierung, und das, je nach Fall, in derselben Substantivgruppe! Glücklich, wem das als Muttersprachler bereits an der Wiege gesungen wurde. Ausgesprochene Anerkennung verdient derjenige, der sich dieses System – vermutlich aus echter Liebhaberei – angeeignet hat.

Gleiches gilt generell für die Plurale des Deutschen. Der kanadische Sprachwissenschaftler Steven Pinker widmet sich in seinem Buch über »Wörter und Regeln« in Anlehnung an Mark Twain diesem »Schrecken der deutschen Sprache«. Im Plural erkennt Pinker acht (!) Varianten: die Daumen, die Mütter, die Hunde, die Kühe, die Kinder, die Wälder, die Straßen, die Autos. Mit Umlaut, ohne Umlaut, mit Umlaut und Pluralendung, ohne Umlaut und mit Pluralendung und so weiter. Was die Vorhersehbarkeit der Pluralendungen betrifft, so fasst Pinker resigniert zusammen: »Es gibt einige Wahrscheinlichkeitsaussagen (…), aber keine verlässlichen Vorhersagen.«[8]

Doch nicht genug. Denn nun kommen im Zusammenhang mit Bemühungen um eine geschlechtergerechte Sprache weitere neue morphologische Formen noch zu den bestehenden acht Pluralformen hinzu. Betrachten wir das Substantiv *Praktikant* im gegenderten Plural:

die Praktikant*innen

Da in dieser Form die durch den Genderstern abgetrennte Form *Praktikant** offenbar das Rumpfmaskulinum darstellt – es soll ja gerecht sein –, ist neben den klassischen Pluralformen *die Praktikant**innen*** und *die Praktikant**en*** noch eine dritte Pluralform zu lernen: *die Praktikant*. Die grammatisch korrekte männliche Pluralform wird in diesem Fall gestrichen, übrig bleibt nur die weibliche. Dies gilt für etliche weitere Plurale wie zum Beispiel:

-and, die Doktorand*innen (die Doktorand)
-ent, die Referent*innen (die Referent)
-or, die Professor*innen (die Professor)
-at, die Kandidat*innen (die Kandidat)
-ate, die Pat*innen (die Pat)
-ast, die Gymnasiast*innen (die Gymnasiast)
-eur, die Friseur*innen (die Friseur)
-ier, die Bankier*innen (die Bankier)
-ist, die Kommunist*innen (die Kommunist)
-ose, die Französ*innen (die Französ), hier zusätzlich mit Umlaut
-er, die Bäuer*innen (die Bäuer*), dito

Auch die Silbentrennung in der Rechtschreibung müsste neu gelernt werden. Bislang trennt man entsprechend dem silbischen Prinzip *Leh-re-rin-nen*. Bei den gegenderten Formen wäre aber neben der klassischen Silbentrennung der Nomina im Falle von Personenbezeichnungen zusätzlich die folgende Worttrennung zu lernen: *Leh-rer-in-nen*. Das silbische Prinzip würde also orthografisch durch das Stammprinzip ergänzt.

Auch im Singular der deutschen Nominalgruppe wäre einiges an Liebhaberei (oder ersatzweise an politischem Gestaltungswillen) aufzubringen, um die neuen Formen zu lernen: *Gesucht wird eine*r niedergelassene*r Kinderarzt*ärztin*. Wenn wir das obige Ausgangsbeispiel von Mark Twain noch einmal heranziehen, so müsste unser amerikanischer Freund vollends die Hoffnung fahren lassen: *mein*e gut*e Freund*in; meiner*s guten Freund*in*es; mein*er*em guten Freund*in**. Im Plural desgleichen.

Fazit: Schwer zu schreiben, schwer zu lesen, kaum zu sprechen – und schwer zu unterrichten und zu lernen. Die Schriftstellerin Anna Prizkau hat die Umformungsvarianten als ein »Zersägen« der deutschen Sprache bezeichnet.[9]

Es ist nicht leicht, ein bestehendes System umzubauen, auch wenn das Deutsche durch seine Elastizität viele Möglichkeiten bietet. Es bleibt offen, ob die deutsche Sprachgemeinschaft mit allen Konsequenzen (Grammatik-Lehrbücher, Grundschulunterricht, Deutsch als Fremdsprache) den Weg in eine weitergehende morphologische Kompliziertheit geht oder ob das gegenwärtige sprachpolitische Tauziehen und Gerangel auf gleichzeitig konkurrierende Sprachgebräuche hinausläuft – mit entsprechenden Unklarheiten, wer denn nun jeweils gemeint sei: nur Männer, nur Frauen, alle Geschlechter oder auch (woran kaum noch gedacht wird, worauf aber die Schriftstellerin Nele Pollatschek hingewiesen hat) gerade *kein* Geschlecht, *keine* ständige Sichtbarkeit der Geschlechter? Eine neue Unübersichtlichkeit in dem so wichtigen, weil ständig gebrauchten

Feld der Personenbezeichnungen scheint unausweichlich – und womöglich sogar dem Zeitgeist einer »Gesellschaft der Singularitäten« auch angepasst.[10]

Dumm nur, dass man mit jeder geäußerten Personenbezeichnung einer bestimmten Gesinnung verdächtig ist, auch wenn man ein solches Bekenntnis gar nicht abgeben möchte oder sich der eigenen Position noch nicht klar ist, weil man zwar den Impuls versteht, aber die Lösungsvorschläge für ungeeignet hält. »Was hier als kreative neue Wege verkauft wird«, so die Linguistin Gisela Zifonun, »sind über weite Strecken krampfhafte Vermeidungsstrategien.« Ihr besorgtes Fazit: »So werden wir unsere Sprache mit all ihren Schwächen und (vielleicht) Ungerechtigkeiten endgültig zu lieben verlernen.«[11]

Es bleibt spannend, ob sich die expliziten biologischen Formen und die damit einhergehenden Verschiebungen in der Bezeichnungsarchitektur des Deutschen gegen Tendenzen der Sprachökonomie durchsetzen werden. Die Vorschläge zur sprachlichen Gerechtigkeit, die auf dem Tisch liegen, sind derzeit weder morphologisch noch ästhetisch überzeugend. Stattdessen rufen sie Trotz hervor – noch dazu auf allen Seiten. Eine verfahrene Situation, wie bedauerlich! Wie wäre es aber, wenn Sprachwissenschaftler, Literaten, Lehrkräfte und ausländische oder eingewanderte Sprachlerner (jederlei Geschlechts) offiziell eingeladen würden, praktikable Lösungen zu erarbeiten, die von einer klaren Mehrheit der Sprachgemeinschaft auch akzeptiert werden könnten?

Aber auch sonst herrscht im Deutschen an Formen kein Mangel. Warum heißt es *Anwaltskanzlei,* aber *Liebesbrief?* Offenbar liegt dem sogenannten Fugen-S ein Genitiv zugrunde, also *des Anwalts.* Der Genitiv von *Liebe* heißt aber nicht *Liebes,* sondern *Liebe.* Warum also *Liebesbrief?* Wie passt das zusammen? »Jedes Lesebuch ist ein Buch, in dem man liest, aber nicht jedes Buch ist ein Lesebuch«, erläutert eine ältere Duden-Grammatik.[12] Das aber kann nur jemand wissen, der es aus Liebhaberei gelernt und behalten hat. Einiges mehr wäre hier hinzuzufügen, von den trennbaren Verben bis hin zu den Tempora. Aber das haben schon andere weidlich behandelt.

Unser Fazit lautet: Wer den beschriebenen grammatischen Formenüberfluss des Deutschen durchdringt, hat echte Liebhaberei bewiesen – die ihm die deutsche Sprache freilich an anderer Stelle durch Richtigkeit und oft auch Schönheit wieder vergilt.

Zum Schluss: ein Blick nach vorn

Der Sprachwissenschaftler Dieter Wunderlich hat das durchschnittliche Alter der Sprachen auf 1500 Jahre taxiert. In der Tat können Sprachen sterben. Mit ihnen gehen kulturelle Schätze unter. Aber Sprachen können auch wiederbelebt werden. Das Hebräische ist ein solches Beispiel. Auch die Sprache der Maori auf Neuseeland wurde durch politischen Willen wiederbelebt. Muss das Deutsche eines Tages wiederbelebt werden, weil es bereits untergegangen ist? Weder Sorglosigkeit noch Aufgeregtheit sind am Platze. Das Deutsche ist eine der großen Sprachen der Welt, sein Untergang ist nicht wahrscheinlich. Vier Einflussgrößen sind aber zu benennen, wenn es um die weitere Entwicklung des Deutschen geht.

Erstens die Position der deutschen Sprache als Landessprache. Gerade in Einwanderungsländern ist es wichtig, dass es neben den Minderheitensprachen auch eine Landessprache gibt, die als Standard- und Bildungssprache gut beherrscht wird. Dieses Kernziel darf bei aller berechtigten Betonung der Mehrsprachigkeit nicht in den Hintergrund geraten.

Zweitens die grammatische Funktionalität: Auch wenn die gesellschaftlichen Impulse, die zur Einforderung einer zunehmenden sprachlichen Sensibilität führen, nachvollziehbar sind, so muss doch die Morphologie des Deutschen im Bereich der so häufigen Personenbezeichnungen unmissverständlich funktionieren. Die vorliegenden Erneuerungsvorschläge leisten dies (noch) nicht, weder funktional noch unter dem Gesichtspunkt der Gerechtigkeit. Es wird darauf ankommen, hier Lösungen zu finden, die für die Mehrheit der Sprachgemeinschaft akzeptabel sind.

Drittens die Sprachverwendung in allen gesellschaftlichen Bereichen: Erfahrungsgemäß sind es Gebrauchseinschränkungen, die Sprachen gefährden können. Deshalb ist das Zurückdrängen des Deutschen in Wirtschaft und Wissenschaft, schon gar im Bereich des Rechts, nicht widerspruchslos zu akzeptieren. Es kann, und vor allem, es soll nicht sein, dass, nachdem das Deutsche von unseren Vorfahren als Sprache der Wissenschaften und des Rechts überhaupt erst entwickelt wurde, unsere zeitgenössischen Generationen in dieselbe Missachtung wie damals Klerus und Adel verfallen und die Errungenschaft wieder zunichtemachen.

Viertens: die Sprachautomatisierung. Der Linguist Gerd Antos hat in einem klarsichtigen Artikel darauf aufmerksam gemacht, dass der Mensch ein Sprachmonopol durch Sprachroboter und Spracherkennung mithilfe Künstlicher Intelligenz einbüßt.[1] Wir sind gut beraten, darauf zu achten, welche Sprache unsere unermüdlichen digitalen Gesprächspartner sprechen und welchen Sprachstil sie pflegen.

Letztlich ist die Lebensfähigkeit des Deutschen vom Sprachbewusstsein der Sprachgemeinschaft abhängig. Da ist es gut zu wissen, was uns die deutsche Sprache an großen Vorzügen bietet. Und da schadet es nicht, sich der Tatsache bewusst zu sein, dass hartnäckige Bemühungen aus der Mitte der Gesellschaft nötig waren, um das Deutsche zur Hochsprache zu entwickeln, es als Literatursprache zu veredeln, als Bildungssprache bereitzustellen und als Landessprache durchzusetzen.

Die deutsche Sprache ist ein kostbares Gut und ein schönes Geschenk. Es ist uns anvertraut.

Danksagung

Ich danke Karin Cölle, Bernd Eckhardt, Ruth Fritz, Prof. Dr. Hans-Jürgen Hellwig, Dr. Lothar Kaehlbrandt und Hans Schniewind für die kritische Lektüre des Manuskripts. Für nützliche Hinweise danke ich ferner Prof. Dr. Peter Blumenthal, Dr. Irene Corvacho del Toro, Prof. Dr. Peter Eisenberg, Prof Dr. Helmuth Feilke, Prof. Dr. Martin Kaltenbach, Dr. Wolfgang Krischke, Nele Neuhaus, Prof. Dr. Ernst Osterkamp und Dirk Schönfeld. Viele hilfreiche Hinweise zum aktuellen Sprachgebrauch verdanke ich den Studentinnen und Studenten meiner sprachwissenschaftlichen Seminare an der Alanus-Hochschule für Kunst und Gesellschaft, meiner lieben Frau Gaby und unseren beiden Kindern Anna Charlotte und Philipp.

Anmerkungen

Vorwort

1 Deshalb sind Fußnoten und Verweise so knapp wie möglich gehalten. Personenbezeichnungen im Plural beziehen sich in diesem Buch auf alle Geschlechter.

Erster Vorzug: einfühlsam und ausdrucksstark

1 Blumenthal (1997), S. 95.
2 Dazu Blumenthal (1997), Kapitel 3.

Zweiter Vorzug: geschmeidig in der Wortbildung

1 Deutsche Akademie (2013), S. 47.
2 Ebenda, S. 15.
3 Eisenberg (2017), S. 15.
4 Müller (2009), S. 102.
5 Blumenthal (2021), Kapitel 8.
6 Cassin (2014), S. 145 f. (Übersetzung von mir, RK).
7 Ebenda, S. 147.
8 Skirl/Schwarz-Friesel (2010).
9 Grosse (1966).
10 Mündliches Zitat von Peter Blumenthal.
11 Mehr dazu in Kapitel 7.
12 Lyons (1980), S. 288.
13 Enzensberger (2011), S. 162.

Dritter Vorzug: gelenkig im Satzbau

1 Ähnlich wie bei Wandruszka (1969), S. 525.
2 Eisenberg (2013), S. 24.
3 Ebenda, S. 6 f.
4 Twain (2014), S. 21.
5 Siehe Kapitel 4.
6 Schneider (2008), S. 72 f.
7 Hinweis von Helmuth Feilke.

Vierter Vorzug: schnell und kurz, wenn es sein muss

1 Mündlicher Hinweis.
2 Dürscheid/Frick (2016), passim.

Fünfter Vorzug: leserfreundlich in der Rechtschreibung

1 Sendlmeier/Oertel (2015), S. 64.
2 Eisenberg (2017), S. 3.
3 Eisenberg (2017), S. 2.
4 ZEITmagazin, 24. 5. 2012, 22/2012
5 Deutsche Akademie (2021), S. 216.
6 Ebenda, S. 233.

Sechster Vorzug: normiert als Standardsprache

1 Wunderlich (2015), Kapitel II.
2 Projektgruppe Spracheinstellungen (2009), S. 34.
3 Eisenberg (2008), S. 11.
4 Ammon/Bickel/Lenz (2016), S. LIV.
5 Mehr dazu in Kapitel 9.
6 Siehe auch Kapitel »Nur für Liebhaber. Überreich an grammatischen Formen«.
7 Beispiele von Hinrichs (2013), S. 270.
8 Arthur vermag aber auch ganz neue Partizipien zu erfinden: *Mama, ich habe dich gearztet.*
9 Glück/Sauer (1997), S. 39 ff.
10 Klein (2018), S. 204.
11 Lobin (2018), S. 151.

Siebter Vorzug: verfeinert als Literatur- und Bildungssprache

1 Trabant, Jürgen (2008), S. 292.
2 Ebenda.
3 Aus einem Gespräch mit dem Verfasser.
4 Vernichtend fällt bedauerlicherweise das Urteil des Literaturwissenschaftlers Michael Maar aus: Nach eifrigem Bemühen fänden sich selbst in Zweigs »Sternstunden der Menschheit« ein paar gute Sätze. Maar (2021), S. 14.
5 Belke (2007), Klappentext.
6 Augst (2019).
7 Fuhrmann (2004), S. 37.
8 Beispiel von Roelcke (2020), S. 116.
9 Hinweis von Hans-Jürgen Hellwig.

10 Vergleiche dazu die Arbeiten von Helmuth Feilke im Literaturverzeichnis dieses Kapitels.
11 Zitiert nach Feilke (2012), S. 9.
12 Beispiel von Gudrun Sonnenberg, DUZ 05/20, S. 19.
13 Sowinski (1982), passim.
14 Bohrer (2002), S. 13.
15 Enzensberger (2011), S. 162.
16 Osten (2004), S. 18.

Achter Vorzug: vielfältig und weitverbreitet

1 Ammon (2015), S. 373.
2 Schmidt (2017), S. 117.
3 Niebaum/Macha (2014), S. 219.
4 Schmidt (2017), S. 119.
5 Asserate (2003), S. 201 f.
6 Schmidt (2017), S. 137 f.
7 Günter Steinig, damals Bassist der Höhner, und Arno Steffen, Sänger und Gitarrist der Kölsch-Rock-Band LSE und Mitinitiator der Initiative »Arsch huh, Zäng ussenander«. Das Ergebnis war die bei EMI Electrola erschienene CD »Das Herz der Kölner – eine Sprachcollage aus original kölschen Tönen«, freundlicherweise ergänzt durch Lieder bekannter und befreundeter Bands aus Köln. ReMastered 2022 von Dieter Krauthausen, Tonstudio Krauthausen Köln.
8 Schmidt (2017), S. 135.
9 Jäger/Böhnert (2018), S. 42.
10 Göttert (2011), S. 27.
11 Ebenda, S. 252.
12 Schmidt (2017), S. 112 ff. und 131 f.
13 Ebenda, S. 123.
14 Ebenda.
15 Göttert (2011), S. 57.
16 So Niebaum/Macha (2014), S. 6 f.
17 Ebenda, S. 10.

Neunter Vorzug: aufnahmewillig und integrationsfähig

1 Beispiele aus einer Liste von Eisenberg (2018), S. 21.
2 Eisenberg (2018), S. 21. Die Wortbeispiele stammen aus derselben Publikation, ebenda.
3 Eisenberg (2013), S. 339.
4 Eisenberg (2018), S. 250 f.
5 Ebenda, S. 249.
6 Eisenberg (2013), S. 274.
7 Eisenberg (2018), S. 91.
8 Eisenberg (2013), S. 278.
9 Krischke (2009), S. 233.
10 Hinrichs (2013), S. 54.
11 Wie erfreulich aber, dass inzwischen ein kluges Buch zu den strukturellen Unterschieden zwischen dem Deutschen und 24 verbreiteten Zuwanderersprachen vorliegt. Es bietet jedem, der sich über die ganz unterschiedlichen Anforderungen, die das Deutsche an die jeweilige Herkunftssprache stellt, informieren will, auf knappem Raum sachkundige (und faszinierende) Informationen: Krifka, Manfred, et alii (2014).
12 Şenocak (2011), S. 11 f.
13 Stanišić (2019), S. 183 ff.
14 Varatharajah (2018), S. 74.
15 Ebenda, S. 91 (Hervorhebung von mir, RK).
16 Grjansnowa (2021), S. 26.
17 Dardan (2021), S. 20.
18 Ebenda, S. 45 (Hervorhebung von mir, RK).
19 Freilich gibt es nun auch wiederum zahlreiche Projekte, die genau dies tun, wie beispielsweise der hessische »Deutschsommer«.
20 Grjasnowa (2021), S. 84.
21 Ebenda, S. 59 (Hervorhebung von mir, RK).
22 Khider (2019), S. 24. Im Folgenden zitiere ich immer wieder aus seinem Buch. Der Lesbarkeit halber verzichte ich dabei auf Seitenangaben.
23 Zeldes/Kanbar (2014), S. 150.
24 Khider (2019), S. 26.
25 Marossek (2016), S. 47.
26 Dittmer/Şimşek (2017), S. 206.
27 Frankfurter Allgemeine Zeitung, 12. 5. 2021, S. 9.

Zehnter Vorzug: aus der Mitte der Gesellschaft geschaffen

1 Von Polenz (1991), S. 94.
2 Zitiert nach von Polenz (1994), S. 53.
3 Dieser Epochenbegriff stammt von Peter von Polenz (1991).
4 Von Polenz (1991), S. 186.
5 Ebenda, S. 245.
6 Winiger (2015), S. 38.
7 Wolfgang Krischke in einem Gespräch.
8 Thielmann (2009), S. 21.
9 Schiewe (1998), S. 62.
10 Ebenda, S. 57.
11 Ebenda, S. 68.
12 Zitiert nach ebenda, S. 81.
13 Von Polenz (1994), S. 32.
14 Ebenda, S. 91.
15 Von Polenz (1994), S. 1.
16 Ammon (2017), S. 5.
17 Von Polenz (1994), S. 130.
18 Ebenda, S. 210.
19 Begriff von Göttert (2010), S. 229.
20 Von Polenz (1994), S. 333.
21 Die meiner Kenntnis nach eingängigste Erläuterung der Lautverschiebungen bietet Göttert (2010), S. 243 ff.
22 Formulierung von Wolfgang Krischke im Gespräch.
23 Zitiert nach Trabant (2012), S. 25.
24 Zitiert nach Trabant (2008), S. 70.
25 Trabant (2012), S. 24 f.
26 Eisenberg (2008), S. 22.
27 Borchmeyer (2017), S. 928.
28 Dorn (2018), S. 312.
29 Göttert (2010), S. 292 f.
30 Krischke (2009), S. 148.
31 Interview im Deutschlandfunk, 1. 8. 2011.
32 Göttert (2010), S. 294.

Nur für Liebhaber: ein Überschuss an grammatischen Formen

1 Wandruszka (1969), S. 10 f.
2 Elberfeld (2017), S. 17.
3 Haarmann (2021), S. 12.
4 Twain, Mark (2010), S. 25.
5 Roelcke (1997), S. 128.
6 Zifonun (2021), S. 151 f.
7 Wandruszkza (1969), S. 502.
8 Pinker (2006), S. 263.
9 Anna Prizkau (2021).
10 Buchtitel von Andreas Reckwitz (2017).
11 Zifonun (2018), S. 48.
12 Duden (1984), S. 403.

Zum Schluss: ein Blick nach vorn

1 Antos (2017), S. 359–385.

Literatur

Ammon, Ulrich (2015): Die Stellung der deutschen Sprache in der Welt. Berlin/München/Boston.

Ammon, Ulrich; Bickel, Hans; Lenz, Alexandra N. (2016): Variantenwörterbuch des Deutschen. Die Standardsprache in Österreich, der Schweiz, Deutschland, Liechtenstein, Luxemburg, Ostbelgien und Südtirol sowie Rumänien, Namibia und Mennonitensiedlungen. 2., völlig neu bearbeitete und erweiterte Auflage. Berlin/Boston.

Ammon, Ulrich (2017): Deutsche Sprache: Stadien und Formen der Entwicklung zur Nationalsprache. Bereitgestellt von De Gruyter, heruntergeladen am 2. 2. 2017.

Antos, Gerd (2017): Wenn Roboter »mitreden« … Brauchen wir eine Disruptions-Forschung in der Linguistik? In: Zeitschrift für germanistische Linguistik 2017, 45 (3), S. 359 – 385.

Asserate, Asfa-Wossen (2003): Manieren. Frankfurt am Main.

Augst, Gerhard (2019): Der Bildungswortschatz. Darstellung und Wörterverzeichnis. Hildesheim/Zürich/New York.

Bär, Jochen; Dehrmann, Mark-Georg; Erhardt, Holger; Fleischer, Jürg; Kämper, Heidrun; Krome, Sabine; Martus, Steffen; Wolf, Norbert Richard, Hrsg. (2013): Die Brüder Grimm. Pioniere der deutschen Sprachkultur des 21. Jahrhunderts. Gütersloh/München.

Belke, Gerlind (2007): Poesie und Grammatik. Kreativer Umgang mit Texten im Deutschunterricht mehrsprachiger Lerngruppen. o. O.

Best, Otto F. (1993): Volk ohne Witz. Über ein deutsches Defizit. Frankfurt am Main.

Bickel, Hans; Landolt, Christoph (2012): Duden Schweizerhochdeutsch. Wörterbuch der Standardsprache in der deutschen Schweiz. Berlin.

Blumenthal, Peter (1997): Sprachvergleich Deutsch-Französisch. (Romanistische Arbeitshefte, herausgegeben von Gustav Ineichen und Bernd Kielhöfer, Band 29). Tübingen.

Blumenthal, Peter (2021): Les mots et les savoirs : complexité. In: Neophilologica, 33, S. 1 – 20.

Bohrer, Karl Heinz (2002): Stil oder »maniera«? Zu Aktualität und Geschichte eines nationalen Unvermögens. In: Merkur. Deutsche Zeitschrift für europäisches Denken. Dezember 2002, 56. Jahrgang, Heft 644, S. 1057 – 1069.

Borchmeyer, Dieter (2017): Was ist deutsch? Die Suche einer Nation nach sich selbst. Berlin.

Cassin, Barbara, Hrsg. (2014): Dictionary of Untranslatables. A Philosophical Lexikon. Princeton and Oxford. Darin: Jean Pierre Dubost: Combination and Conceptualization, S. 145–152.

Cohen, Jean (1966): Structure du langage poétique. o. O.

Corvacho del Toro, Irene; Thomé, Günter (2021): Meilensteine im Erwerb der deutschen Orthografie. In: Lernen und Lernstörungen, 10 (3), S. 169–180. https://doi.org/10.1024/2235-0977/a000341.

Dardan, Asal (2021): Betrachtungen einer Barbarin. Hamburg.

Darth, Dietmar (2021): Philosophie für Computer (zuckerfrei). Frankfurter Allgemeine Zeitung, 12. 5. 2021.

Der kleine Duden (2016): Deutsche Grammatik. Berlin.

Deutsche Akademie für Sprache und Dichtung/Union der deutschen Akademien der Wissenschaften, Hrsg. (2013): Reichtum und Armut der deutschen Sprache. Erster Bericht zur Lage der deutschen Sprache. Berlin/Boston.

Deutsche Akademie für Sprache und Dichtung/Union der deutschen Akademien der Wissenschaften, Hrsg. (2017): Vielfalt und Einheit der deutschen Sprache. Zweiter Bericht zur Lage der deutschen Sprache. Tübingen.

Deutsche Akademie für Sprache und Dichtung/Union der deutschen Akademien der Wissenschaften, Hrsg. (2021): Die Sprache in den Schulen – eine Sprache im Werden. Dritter Bericht zur Lage der deutschen Sprache. Berlin. Darin zum Thema Orthografie insbesondere: Betzel, Dirk: Menschen, Tiere, Dinge? – Untersuchungen zur Entwicklung der Großschreibung (S. 177–204)/Berg, Kristian; Romstadt Jonas: Reifeprüfung – Das Komma in Abituraufsätzen von 1948 bis heute (S. 205–236).

Dittmar, Norbert; Şimşek, Yazgül (2017): Das Deutsch von Migranten. In: Deutsche Akademie für Sprache und Dichtung/Union der deutschen Akademien der Wissenschaften, Hrsg. (2017): Vielfalt und Einheit der deutschen Sprache. Zweiter Bericht zur Lage der deutschen Sprache. Tübingen, S. 191–245.

Dorn, Thea (2018): Deutsch, aber nicht dumpf. Ein Leitfaden für aufgeklärte Patrioten. München.

Dürscheid, Christa; Frick, Karina (2016): Schreiben digital. Wie das Internet unsere Alltagskommunikation verändert. Stuttgart.

Duden Band 4 (1984). Die Grammatik. Mannheim.

Duden Band 4 (2016): Die Grammatik. Berlin.
Duden Band 9 (2011): Richtiges und gutes Deutsch. Das Wörterbuch der sprachlichen Zweifelsfälle. Mannheim/Zürich.
Eisenberg, Peter (1986): Grundriss der deutschen Grammatik. Stuttgart.
Eisenberg, Peter (2008): Schweigt stille, plaudert nicht. Der öffentliche Diskurs über die deutsche Sprache. Rede anlässlich der Verleihung des Konrad-Duden-Preises der Stadt Mannheim am 12. März 2008. Mannheim/Leipzig/Wien/Zürich.
Eisenberg, Peter (2009): Richtig gutes und richtig schlechtes Deutsch. In: Konopka, Marek; Strecker, Bruno, Hrsg. (2009): Deutsche Grammatik, Regeln, Normen, Sprachgebrauch. Berlin, S. 55–69.
Eisenberg, Peter (2013): Das Wort. Grundriss der deutschen Grammatik. Stuttgart/Weimar.
Eisenberg, Peter (2013): Der Satz, Grundriss der deutschen Grammatik. Stuttgart.
Eisenberg, Peter (2013): Rechtschreibung auf einen Blick. Grundregeln der deutschen Orthographie. Gütersloh/München.
Eisenberg, Peter (2017): Deutsche Orthographie. Regelwerk und Kommentar. Verfasst im Auftrag der Deutschen Akademie für Sprache und Dichtung. Berlin/Boston.
Eisenberg, Peter (2018): Das Fremdwort im Deutschen. Berlin/Boston.
Elberfeld, Rolf (2017): Sprache und Sprachen. Eine philosophische Grundorientierung.
Enzensberger, Hans Magnus (2011): Die Poesie der Wissenschaft. In: Rehrmann, Norbert, Hrsg. (2011): Schlechter Stil. Sprachkritik aus fünf Jahrhunderten. Darmstadt, S. 157–163.
Feilke, Helmuth (2012): Bildungssprachliche Kompetenzen – fördern und entwickeln. In: Praxis Deutsch 233/2012, S. 4–13.
Feilke, Helmuth (2019): Bildungssprache. In: Sprache im Fach, S. 1–4.
Feilke, Helmuth; Rezat, Sara (2019): Operatoren to go. Ein Arbeitsheft zum Nachschlagen und Üben für das Fach Deutsch ab der Sek. I. Hannover.
Fuhrmann, Manfred (2004): Der europäische Bildungskanon. Frankfurt am Main/Leipzig.
Glück, Helmut (1987): Schrift und Schriftlichkeit. Eine sprach- und kulturwissenschaftliche Studie. Stuttgart.

Glück, Helmut; Sauer, Wolfgang Werner (1997): Gegenwartsdeutsch. Stuttgart, Weimar.

Göttert, Karl-Heinz (2010): Deutsch. Biographie einer Sprache. Berlin.

Göttert, Karl-Heinz (2011): Alles außer Hochdeutsch. Ein Streifzug durch unsere Dialekte. Berlin.

Grass, Günter (1960): Die Blechtrommel. Roman. Frankfurt am Main und Hamburg.

Grjasnowa, Olga (2021): Die Macht der Mehrsprachigkeit. Über Herkunft und Vielfalt. Berlin.

Grosse, Siegfried (1966): Reklamedeutsch. In: Wirkendes Wort, 1966, Heft II, S. 89–104.

Günther, Hartmut (2017): Mit Feuereifer und Herzenslust. Wie Luther unsere Sprache prägte. Berlin.

Haarmann, Harald (2021): Die seltsamsten Sprachen der Welt. Von Klicklauten und hundert Arten, ich zu sagen. München.

Hahn, Ulla (2001). Das verborgene Wort. Stuttgart/München.

Helbig, Gerhard (1974): Geschichte der neueren Sprachwissenschaft. Reinbek bei Hamburg.

Helbig, Gerhard (1990): Lexikon deutscher Partikeln. Leipzig.

Hinrichs, Uwe (2013): Multi Kulti Deutsch. Wie Migration die deutsche Sprache verändert. München.

Jäger, Agnes; Böhnert, Katharina (2018): Sprachgeschichte. (= LinguS 3 Linguistik und Schule. Von der Sprachtheorie zur Unterrichtspraxis). Tübingen.

Kaehlbrandt, Roland (2017): Lutherdeutsch statt Plastik-Jargon: Wir brauchen Sprachschöpfer! In: von Bünau, Friederike; Hückstädt, Hauke, Hrsg.: 95 Anschläge. Thesen für die Zukunft. Frankfurt am Main, S. 107–109.

Khider, Abbas (2017): Ohrfeige. München.

Khider, Abbas (2019): Deutsch für alle. Das endgültige Lehrbuch. München.

Kirkness, Alan (1975): Zur Sprachreinigung im Deutschen 1789–1871. Eine historische Dokumentation. Teil I. Forschungsberichte des Instituts für deutsche Sprache Mannheim, Band 26.1, herausgegeben von Ulrich Engel und Irmgard Vogel. Tübingen.

Klein, Wolf Peter (2018): Sprachliche Zweifelsfälle im Deutschen. Theorie, Praxis, Geschichte. Berlin/Boston.

Knott, Marie Luise; Brovot, Thomas; Blumenbach, Ulrich, Hrsg. (2015): Denn wir haben Deutsch. Luthers Sprache aus dem Geist der Übersetzung. Berlin.

Krifka, Manfred; Błaszczak, Joanna; Leßmöllmann, Annette; Meinunger, André; Stiebels, Barbara; Tracy, Rosemarie; Truckenbrodt, Hubert, Hrsg. (2014): Das mehrsprachige Klassenzimmer. Über die Muttersprachen unserer Schüler. Berlin/Heidelberg.

Krischke, Wolfgang (2009): Was heißt hier Deutsch? Kleine Geschichte der deutschen Sprache. München.

König, Werner; Elspaß, Stephan; Möller, Robert (2019): dtv-Atlas Deutsche Sprache. München.

Lobin, Henning (2018): Digital und vernetzt. Das neue Bild der Sprache. Stuttgart.

Lyons, John (1980): Semantik. Band I. München.

Maar, Michael (2021): Die Schlange im Wolfspelz. Das Geheimnis großer Literatur. Hamburg.

Mann, Thomas (2001): Der Zauberberg. Berlin.

Mann, Thomas (1954): Bekenntnisse des Hochstaplers Felix Krull. Frankfurt am Main.

Mann, Thomas (1960): Buddenbrooks. Verfall einer Familie. Frankfurt am Main.

Marossek, Diana (2016): Kommst du Bahnhof oder hast du Auto? Warum wir reden, wie wir neuerdings reden. Berlin.

Martenstein, Harald (2012): »Der sibirische Tiger ist weniger bedroht als das Komma«. ZEITmagazin, 24. 5. 2012, Nr. 22/2021.

Müller, Horst M. (2009): Arbeitsbuch Linguistik. Paderborn.

Niebaum, Hermann; Macha, Jürgen (2014): Einführung in die Dialektologie des Deutschen. Berlin/Boston.

Osten, Manfred (2004): Das geraubte Gedächtnis. Digitale Systeme und die Zerstörung der Erinnerungskultur. Eine kleine Geschichte des Vergessens. Frankfurt am Main/Leipzig.

Pädagogik 6/17: Von der Alltags- zur Bildungssprache.

Pinker, Steven (2006): Wörter und Regeln. Die Natur der Sprache. Paderborn.

Prizkau, Anna (2021): Sprechen Sie Deutsch! In: Frankfurter Allgemeine Sonntagszeitung, 19. 12. 2021, S. 40.

Projektgruppe Spracheinstellungen (2009): Aktuelle Spracheinstellun-

gen in Deutschland. Erste Ergebnisse einer bundesweiten Repräsentativumfrage. Mannheim.
Reckwitz, Andreas (2017): Die Gesellschaft der Singularitäten. Zum Strukturwandel der Moderne. Berlin.
Roelcke, Thorsten (1997): Sprachtypologie des Deutschen. Historische, regionale und funktionale Varianten. Berlin/New York.
Roelcke, Thorsten (2009): Geschichte der deutschen Sprache. München.
Roelcke, Thorsten (2020): Fachsprachen. Grundlagen der Germanistik. 4. neu bearbeitete und wesentlich erweiterte Auflage. Berlin.
Safranski, Rüdiger (2007): Romantik. Eine deutsche Affäre. München.
Schiewe, Jürgen (1998): Die Macht der Sprache. Eine Geschichte der Sprachkritik von der Antike bis zur Gegenwart. München.
Schmidt, Jürgen Erich (2017): Vom traditionellen Dialekt zu den modernen deutschen Regionalsprachen. In: Deutsche Akademie für Sprache und Dichtung/Union der deutschen Akademien der Wissenschaften, Hrsg. (2017): Vielfalt und Einheit der deutschen Sprache. Zweiter Bericht zur Lage der deutschen Sprache. Tübingen. S. 105–143.
Schneider, Robert (1997): Schlafes Bruder. Leipzig.
Schneider, Wolf (2008): Speak German! Warum Deutsch manchmal besser ist. Reinbek bei Hamburg.
Seghers, Anna (2009): Das siebte Kreuz. Berlin.
Sendlmeier, Walter; Oertel, Alexandra (2015): Rechtschreibdidaktiken im ersten Schuljahr. Eine psychologische und sprachwissenschaftliche Einordnung und Bewertung. Berlin.
Şenocak, Zafer (2011): Deutschsein. Eine Aufklärungsschrift. Hamburg.
Shami, Rafik (2021): Die dunkle Seite der Liebe. München.
Shchipitsina, Larissa (2009): Stilistik der deutschen Sprache. Teil 1 Theorie. Archangelsk.
Skirl, Helge; Schwarz-Friesel, Monika (2010): Metapher. Heidelberg.
Sowinski, Bernhard (1982): Deutsche Stilistik. Beobachtungen zur Sprachverwendung und Sprachgestaltung im Deutschen. Frankfurt am Main.
Stanišić, Saša (2019): Herkunft. München.
Steinbrenner, Marcus (2018): Sprachliche Bildung, Bildungssprache und die Sprachlichkeit der Literatur. In: Leseräume/Zeitschrift für Literalität in Schule und Forschung, 5. Jahrgang 2018, Heft 4, S. 7–21.

Steinfeld, Thomas (2012): Der Sprachverführer. Die deutsche Sprache: was sie ist, was sie kann. München.

Thielmann, Winfried (2009): Deutsche und englische Wissenschaftssprache im Vergleich. Hinführen – Verknüpfen – Benennen. (Wissenschaftskommunikation, herausgegeben von Konrad Ehlich, Christian Fandrych, Clemens Knobloch, Angelika Redder, Band 3). Heidelberg.

Thomé, Günther (2011): ABC und andere Irrtümer über Orthographie, Rechtschreiben, LRS/Legasthenie. Oldenburg.

Thomé, Günther (2019): Deutsche Orthographie historisch, systematisch, didaktisch. Oldenburg.

Trabant, Jürgen (2008): Was ist Sprache? München.

Trabant, Jürgen (2012): Weltansichten. Wilhelm von Humboldts Sprachprojekt. München.

Twain, Mark (2010): Die schreckliche deutsche Sprache. Englisch-Deutsch. Köln.

Varatharajah, Senthuran (2020): Vor der Zunahme der Zeichen. Frankfurt am Main.

Vater, Heinz (2002): Einführung in die Sprachwissenschaft. Paderborn.

Von Polenz, Peter (1991–1999): Deutsche Sprachgeschichte, Band I bis III. Berlin/New York.

Wandruszka, Mario (1969): Sprachen – vergleichbar und unvergleichlich. München.

Weydt, Harald; Haden, Theo; Hentschel, Elke; Rösler, Dietmar (1983): Kleine deutsche Partikellehre. Ein Lehr- und Übungsbuch für Deutsch als Fremdsprache. Stuttgart.

Winiger, Josef (2015): Luthers Übersetzungskunst – klassisch und revolutionär. In: Knott, Marie Luise; Brovot, Thomas; Blumenbach, Ulrich, Hrsg. (2015): Denn wir haben Deutsch. Luthers Sprache aus dem Geist der Übersetzung. Berlin. S. 31–62.

Wunderlich, Dieter (2015): Sprachen der Welt. Warum sie so verschieden sind und sich doch alle gleichen. Berlin.

Zeldes, Amir; Kanbar, Ghazwan (2014): Das Arabische und das Hebräische. In: Krifka, Manfred; Błaszczak, Joanna; Leßmöllmann, Annette; Meinunger, André; Stiebels, Barbara; Tracy, Rosemarie; Truckenbrodt, Hubert, Hrsg: Das mehrsprachige Klassenzimmer. Über die Muttersprachen unserer Schüler. Berlin/Heidelberg.

Zifonun, Gisela (2018): Die demokratische Pflicht und das Sprachsystem: Erneute Diskussion um einen geschlechtergerechten Sprachgebrauch. In: Sprachreport Jg. 34 (2018), Nr. 34, S. 44–56.
Zifonun, Gisela (2021): Das Deutsche als europäische Sprache. Ein Porträt. Berlin/Boston.
Zweig, Stefan (1981): Sternstunden der Menschheit. Zwölf historische Miniaturen. Darmstadt.